Nadine Gordimer

Die Umarmung eines Soldaten

Erzählungen

Aus dem Englischen von
Anne Steeb

S. Fischer

›Liebende in Stadt und Land‹
und
›Mündliche Nachrichten‹

Aus dem Englischen von
Walter Hartmann

Die englische Originalausgabe erschien
unter dem Titel ›A Soldier's Embrace‹
bei The Viking Press, 1980

Satz: Fotosatz Otto Gutfreund GmbH, Darmstadt
Druck und Verarbeitung: Clausen & Bosse, Leck
Printed in Germany 1999
ISBN 3-10-027014-2

Inhalt

Die Umarmung eines Soldaten

An dem Tag, als das Waffenstillstandsabkommen unterzeichnet wurde, geriet sie in eine Menschenmenge. Bauernburschen aus Europa, die im Kolonialheer gedient hatten, und Freiheitskämpfer, deren Kolonne in die Stadt einmarschiert war, torkelten vor der Kaserne herum, keine drei Straßen von ihrem Haus entfernt. In seinen Räumen hatte sie zehn Jahre lang das undeutliche Gebrüll auf dem Exerzierplatz gehört, mit dem die Kolonialsoldaten ausgebildet wurden, um zu töten und getötet zu werden.

Die Männer waren nicht betrunken. Sie hakten sich ein und überquerten mit wiegendem Schritt die Straße. Weil so vieles zum Stillstand gekommen war, mußte *alles* zum Stillstand kommen: Sie umringten Autos, Fahrräder, Lieferwagen, Kinderfrauen mit ihren Schützlingen, Frauen, die Brotlaibe oder Schüsseln voller Mangofrüchte auf dem Kopf trugen, einen Trupp Straßenarbeiter mit Spitzhakken und Schaufeln, einen Coca-Cola-Wagen, einen alten Mann mit einem Karren, der Altglas und Knochen sammelte. Sie waren ein einziges lachendes Erstaunen. Daß so etwas möglich war: Sie rempelten sich vor lauter Freude gegenseitig an, blickten einander fröhlich blinzelnd und voller Wohlwollen in die derben Gesichter. Worte fielen in Sprachen, die für die anderen unverständlich waren, doch die Rufe waren neu, ein Jauchzen und ausgelassenes Krähen, das alle begriffen. Sie bekam ein paar Rippenstöße ab, wurde am Weitergehen gehindert und ließ sich treiben. Sie hörte einfach auf, in eine bestimmte Richtung zu streben. Vor ihr waren zwei Soldaten, die ihr mit ihrer unbeholfenen Umarmung den Weg versperrten (wie geht das, wie tut man, was man noch nie getan hat?). Die Umarmung öffnete sich wie eine Tür und nahm sie mit auf: Eine rosa Hand mit abgekauten Fingernägeln packte ihren rechten Arm, eine schwarze Hand, an deren Gelenk eine Uhr mit großem Zifferblatt und geflochtenem Lederarmband befestigt war, zog an ihrem linken Ellbogen. Ihre drei Köpfe stießen fröhlich zusammen, moschusartiger Schweißgeruch und der scharfe Duft parfümierter Seife legten sich wie eine Maske auf ihre Nase und ihren Mund. Sie keuchten vor herrlicher Erschütterung. Sie sagten alles mögliche zueinander. Sie legte einen Arm um jeden Hals, spürte den borstigen Flor des Soldatenhaarschnitts auf der einen, das weiche Negerhaar auf der anderen Seite und küßte beide auf die Wange. Die Umarmung löste sich auf. Die Menge riß sie mit, verbarg sie hinter Rücken, Armen, wippenden Köpfen; sie konnte wieder ihre Richtung bestimmen und tat es – sie befand sich auf dem Heimweg vom Postamt, wo sie soeben ein Telegramm an die Verwandtschaft im Ausland abgesandt hatte: ALLES RUHIG KEINE SORGE.

Der Anwalt kam früh aus der Kanzlei, weil die Gerichte nicht tagten, obwohl der offizielle Feiertag erst für den folgenden Tag angesetzt war. Er erzählte seiner Frau von der Versammlung vor dem Rathaus, die er vom Balkon des Bürogebäudes aus beobachtet hatte. Einer der Guerillaführer (nicht der bedeutendste; der, auf dessen Kopf der höchste Preis ausgesetzt gewesen war, hätte sich nicht so bald und so weit auf das frisch eroberte Terrain vorgewagt) hatte vom Rathausbalkon herab eine zweistündige Rede gehalten. »Brillant. Denen ist die Kinnlade runtergefallen. Brillant. Die haben noch nie was auf solchem Niveau gehört: präzise, durchdacht – das hätte keiner für möglich gehalten, direkt aus dem Busch. Du hättest de Poorteers Gesicht sehen sollen. Das würde ihm gefallen, so aufs Podest steigen und den Mund aufmachen zu können. Und so Gehör zu finden…« Die Behinderung des Gouverneurs hatte ihm noch nicht einmal die Sympathie verschafft, die sonst einem Stotterer entgegengebracht wird; er sprach stockend und schluckte zwischendurch mühevoll. Die Schwarzen hatten immer einen umschreibenden Namen für ihn benutzt: »Kranich, der einen Ochsenfrosch zu schlucken versucht.«
Ein Mitglied der schwarzen Untergrundorganisation, die nun lautstark die Partisanen unterstützen konnte, hatte den Anwalt vom offiziellen Balkon gegenüber erkannt und ihm den Gruß der Freiheitskämpfer entboten. Der Anwalt witzelte darüber, machte voller Stolz den Gruß nach. »Du hättest dasein sollen, hättest ihn sehen sollen, droben zwi-

schen den Offiziellen. Ich hab's dir gleich gesagt – wirklich –, du hättest heute morgen mit in die Stadt kommen sollen.«

»Und was hast du getan?« Sie wollte alle Einzelheiten beisammenhaben.

»Ach, ich hab' zurückgegrüßt, und dann haben irgendwelche Burschen auf der Straße *mich* gegrüßt ... alle haben mitgemacht. *Es war wunderbar.* Und die Polizei hat tatenlos dabeigestanden; wenn man es überlegt, vor einem Monat – vor einer Woche noch – wäre man dafür verhaftet worden.«

»Als hättet ihr ihnen eine lange Nase gemacht«, sagte sie lächelnd.

»War hier überhaupt was los?«

»Muchanga hatte den ganzen Tag Angst, aus dem Haus zu gehen. Er war noch nicht mal bereit, eben für mich zum Postamt zu laufen!« Ihr Diener war vor vielen Jahren zu ihnen gekommen, nachdem er bei ihrem Vater gedient hatte, einem Kolonialbeamten in der Finanzverwaltung.

»Aber sonst war alles ruhig?«

Sie antwortete: »Die Soldaten und ein Haufen Partisanen waren vor der Kaserne versammelt. Ich hab' ein, zwei Minuten festgesessen. Sie haben getanzt; es war kein Durchkommen. Alles sehr freundlich. – Ach, übrigens, ich hab' das Telegramm abgeschickt.«

Eine Geste des Respekts, auf der einen Seite eine weiße, auf der anderen eine schwarze Wange. Den Weißen hatte sie auf die linke Wange geküßt, den

Schwarzen auf die rechte, als wären es zwei Seiten ein und desselben Gesichts.
Dieses Bild, diese Version der Ereignisse, war wie ein Plakat, das schon bald von verschmutzten Ladenfronten und den Wartehäuschen an Bushaltestellen abblättern würde, während die Monate streitbarer Verhandlungen vor der endgültigen Machtübernahme der schwarzen Regierung verstrichen.
Zunächst einmal war die eine Wange nicht weiß, sondern blaß, ja fahl gewesen, winterliche Blässe, die der arme Junge aus Europa mitgebracht hatte (dieser Schub Wehrpflichtiger war offenbar gerade erst angekommen, hatte noch nicht lange gedient), mit Heimwehpickeln, die von der Disziplin einer Heeresrasierklinge gekappt worden waren. Und die andere Wange war nicht schwarz, sondern trüb und torfig dunkel gewesen, schweißglänzend rund um die fleischigen Konturen des Nasenflügels. Als hätte sie die Fähigkeit, zu jenem Augenblick zurückzukehren, sah sie, was sie nicht bewußt bemerkt hatte: einen schmalen rosa Hautstreifen neben dem Ohr, zartes Gewebe, das sichtbar wird, wenn man ein wenig zu früh die Schorfschicht abkratzt. Das mußte gerade erst passiert sein, im Truppentransporter oder Lastwagen (sie wußte nicht, wie die Partisanen ausgerüstet waren; man hatte der Kolonie jahrelang weisgemacht, daß sie entweder von den Chinesen versorgt wurden oder von den Russen), kurz vor dem triumphalen Einzug in die Hauptstadt.
Den Zeitungsberichten zufolge hatte der Tag für die

beiden jungen Soldaten aller Wahrscheinlichkeit nach in einem wüsten Besäufnis geendet. Sie war offensichtlich noch nicht zu alt, als daß sie sie in ihrer Freude, der Landmine im Busch entronnen zu sein, umarmt hatten. So lautete eine Version des Vorfalls. Die andere: Eine nicht mehr ganz junge Frau hatte die Gelegenheit ergriffen, sich von einem Soldaten in den Arm nehmen zu lassen, der sie zu Kriegszeiten (dieselbe Zeitung hatte während des Krieges die Angst der Weißen um ihre Frauen geschildert) mit ziemlicher Sicherheit vergewaltigt hätte.

Sie dachte über letztere Version nach.

Sie hatte niemanden auf den Mund geküßt, sie hatte in der schrankenlosen Freiheit der Feierlichkeiten keine namenlosen Lippen und Zungen gesucht. Aber sie hatte geküßt. Als sie sich erneut selbst beobachtete, wußte sie es. Sie hatte – Gott weiß, warum – beide auf die Wange geküßt, des einen linke, des anderen rechte Wange. Es war bewußt geschehen, wenn auch hastig und impulsiv: Sie hatte eindeutig die Initiative ergriffen.

Sie erzählte nicht, was passiert war, nicht weil ihr Mann sie der Zügellosigkeit verdächtigt hätte, sondern weil er der Meinung gewesen wäre, daß sie liberalen Prinzipien Ausdruck gegeben hatte – sie, die als Tochter eines aufgeklärten weißen Kolonialbeamten im Land geboren und aufgewachsen und mit einem liberalen weißen Anwalt verheiratet war, der sich einen Namen damit gemacht hatte, daß er Schwarze in politischen Prozessen verteidigte.

Sie hatte nicht davon erzählt, wußte selbst nicht, was da passiert war.
Sie dachte an eine ferne Zeit zurück, als ein Schulausflug sie ans Meer geführt hatte. Damals waren sofort nach der Ankunft alle vom Zug direkt an den Strand geeilt, waren über Sanddünen um wilde Feigenbüsche gestolpert und hatten die erste atemberaubende Begegnung mit dem Wasser erlebt.

De Poorteer wurde zurückberufen, und der Anwalt bemerkte gegenüber einem seiner schwarzen Freunde: »Der Kranich ist am Ochsenfrosch erstickt. So heißt es, wie ich höre, im Viertel.«
Der Priester aus dem schwarzen Slum, dem sogenannten »Viertel«, zeigte sich darüber nicht sonderlich erfreut. Seine reservierte Haltung besagte, daß es sich gewisse Leute mit dem Feiern zu leicht machten, daß sie »auf einmal viel zu laut nach Freiheit riefen«.
Der Anwalt und seine Frau verstanden ihn: Pater Mulumbua war einer von denen, die nach Freiheit gerufen hatten, als es gefährlich war, der deswegen mehrmals im Gefängnis gesessen hatte. Dagegen hatten nicht wenige Leute geschwiegen, Angehörige des Interimsparlaments, das gebildet worden war, um das Land zu verwalten, bis die neue Regierung die Geschäfte übernahm. Mulumbua nannte einige beim Namen, allerdings widerstrebend. Genug, um ihren Verdacht zu bestätigen – es handelte sich um Männer, die möglicherweise eine Absprache mit der Kolonialmacht getroffen hatten, vorrangig deren In-

teressen zu vertreten, egal was für eine Regierungsform sich aus der neuen Verfassung ergab. Doch als sich das Paar in die Diskussion stürzte, ließ ihr Freund sie reden. Er trank sein Bier und betrachtete stirnrunzelnd hinter seinen Brillengläsern, als hätte er Kopfschmerzen oder als schmerzte ihn das Licht des Sonnenuntergangs, die großblättrigen tropischen Pflanzen, die auf der Terrasse für kühle Feuchtigkeit sorgten.

Sie waren immer ziemlich stolz gewesen auf ihre Freundschaft mit ihm, diesem in eine Soutane gekleideten Mann, der um den Hals eine aus heimischem Elfenbein geschnitzte Faust und ein silbernes Kreuz trug. Sein schwarzes Gesicht blickte gewohnheitsmäßig streng – ein hoher Ernst, hin und wieder von jäh hervorsprudelndem Gelächter unterbrochen, wenn sie ihn wegen der Faust hänselten –, jedoch nie unaufmerksam oder verkniffen.

»Was war nur los?« Sie antwortete sich selbst: »Ich hatte das Gefühl, er wäre am liebsten gar nicht gekommen.« Sie benutzte ein mit Gin befeuchtetes Papiertaschentuch, um die Blattläuse von der Unterseite eines blassen neuen Blattes zu wischen, das sich wie eine ausgeschnittene Papierlaterne entfaltet hatte.

»Gütiger Himmel, er war Hunderte von Malen hier.«

»– ja, vorher.«

Was sagten sie?

Bei dem Geschrei auf der Straße, dem Wogen der

Menge, der süßen, mächtigen Präsenz, die die Sinne verwirrte, so daß Gehörtes, Gesehenes, Gestank (Schweiß, billige Seife) zu einer ungeheuren Empfindung verschmolzen, konnte sie Worte, die so leicht gesprochen wurden, nicht verstehen.
Nicht einmal, was sie selbst gesagt haben mußte.

Einige wohlhabende weiße Männer, die sich mit ihrer Unterstützung des Kolonialkriegs gebrüstet hatten und wußten, daß sie bei den Schwarzen als die schlimmsten Ausbeuter galten, verließen sofort das Land. Um die ist es nicht schade, meinten der Anwalt und seine Frau. Viele normale Leute, die zufrieden, ohne deren Vorgehen in Frage zu stellen, unter der Kolonialregierung gelebt hatten, bekundeten nun, wie es in der Zeitung hieß, begeistert ihre Absicht, zum Aufbau einer Nation beizutragen. Der Metzger, zu dem die Frau des Anwalts immer ging, war einer davon. »Ich hab' nichts gegen die Schwarzen.« Er sprach offen mit ihr, in seinem Laden, den er seit zwölf Jahren mit einer Lizenz betrieb, die nur für weiße Bürger zu haben war. »Ist mir gleich, wer man ist, solange man ehrlich ist.« Neben dem Diagramm eines Schlachttiers, aufgeteilt nach den Fleischsorten, die es lieferte, hing ein Bild des bedeutendsten Partisanenführers, von dem man erwartete, er werde der erste Präsident werden. Leute wie der Metzger traten mit ihren fähnchenschwenkenden Babys auf die Straße, als der Anführer vom Flughafen kommend durch die Stadt fuhr.
Es kam zu Vorfällen (noch so eine Beschönigung der

Presse) im Viertel. Damit war zu rechnen gewesen. Politische Splittergruppen aus verschiedenen Stämmen, die sich aus dem Krieg herausgehalten hatten, wollten sich mit der Partei der Freiheitskämpfer die Macht teilen. Muchanga ging an seinem freien Tag überhaupt nicht mehr ins Viertel. Seine Freunde kamen ihn besuchen und hockten in der Nähe des Komposthaufens im Garten still beieinander. Die häßlichen Villen der Reichen, die geflohen waren, standen unbewohnt an der Steilküste überm Meer, aber es hieß, daß sie auch daraus noch Kapital schlagen würden. Die Villen würden als Botschaftsgebäude gekauft werden, wenn die Unabhängigkeit kam und mit ihr zahlreiche schwarze und gelbe Diplomaten. Eiferer, die behaupteten, Parteimitglieder zu sein, brannten Läden und Wohnhäuser der weniger begüterten Weißen nieder, die – so der Anwalt – »in den unausweichlich niederen Rängen der Kolonialgesellschaft« in nächster Nähe des Viertels lebten. Die Frau des Anwalts hatte in ihrer Straße ein Haus ausgemacht, dessen Nebengebäude mit Sicherheit von einer dieser Familien bewohnt wurde; am Garagenfenster seien grüne Nylonvorhänge aufgetaucht, berichtete sie. Ihr Vorort war angenehm belaubt und wohlhabend; hier gab es keine Reichen, nur weiße Akademiker und Universitätsprofessoren. Die Kaserne stand inzwischen leer, nur ein alter Mann mit einem Beinstumpf und einer alten Polizeiuniform ohne Rangabzeichen, ein Freund Muchangas, wie sich herausstellte, saß auf einer Bierkiste am Eingang. Er hatte seinen Job als Nachtwächter

ter verloren, als einer der Reichen fortgegangen war, und freute sich, wieder Arbeit zu haben.
Auf der Straße hatte absolute Ruhe geherrscht, außer an jenem ersten Tag.

Die Fingernägel, die sie manchmal nach wie vor deutlich vor sich sah, waren so weit abgekaut, daß sie sich, ringsum von einer dünnen Linie Schmutz umgeben, in die stumpfen rosa Finger eingegraben hatten. Und die dicken Finger waren, selbst als sie sie festgehalten hatten, merkwürdig gekrümmt. Solche Hände hatten nie Gelegenheit gehabt, nach Besitz zu greifen. Sie waren jung und doch ständig wund davon, Kohle auszuladen, Kartoffeln aus dem gefrorenen Boden der nördlichen Halbkugel zu graben, Hotelgeschirr zu waschen. Er war nicht umgekommen, darum hatte man ihn, nachdem der Tag des Waffenstillstands vorüber war, übers Meer zurück zum Hafen, zum steinigen Gehöft, zur Spülküche des Grandhotels verfrachtet. Er mußte nehmen, was er kriegen konnte. In Europa, wohin er zurückgekehrt war, herrschte Arbeitslosigkeit, und das Militär brauchte die vielen jungen Männer nicht mehr.

Chipande, ein guter Freund des Anwalts und seiner Frau, sollte aus dem Exil heimkehren. Sie hatten im Radio gehört, daß er erwartet wurde, in Begleitung des zukünftigen Präsidenten als dessen Privatsekretär, und sie rechneten damit, von ihm zu hören.
Der Anwalt legte die Füße hoch, auf den leeren

Stuhl, auf dem der Priester gesessen hatte, nachdem er ihn in eine bequeme Position gebracht hatte. »Stell' dir das vor, Chipande!« Chipande war sozusagen ihr Protegé gewesen – sie benutzten den Begriff nicht gern, er schmeckte nach Begünstigung. Chipande, hochgewachsen, anmaßend und lässig, ein Junge aus dem heruntergekommensten Teil des Viertels, war von der Mission der Patres als aufgeweckter Junge empfohlen worden, der bei einem Juristen in die Lehre gehen wollte. (Hatte Pater Mulumbua persönlich die Empfehlung ausgesprochen? – Der Anwalt glaubte es, seine Frau war nicht sicher, ob sie sich richtig erinnerten.) Das war damals – vor neun Jahren – viel verlangt. Chipande hatte seine Ausbildung nie abgeschlossen. Er und sein Lehrherr wurden zwar bald gute Freunde, und der Junge entnahm den Büchern im Haus, mit denen er freizügig umging, alle möglichen politischen Theorien, wurde jedoch so sehr in die Politik verstrickt, daß er das Land verlassen mußte. Er entging damit knapp einem Haftbefehl des Kranichs, der einen Ochsenfrosch zu schlucken versucht.

Nachdem zwei Wochen vergangen waren, rief der Anwalt im Hauptquartier der ehemaligen Guerillabewegung an, die zur Partei geworden war, aber wie sich herausstellte, hatte Chipande ein Büro im ehemaligen Kolonialamt. Dort hatte er eine eigene Sekretärin; er war nicht leicht zu erreichen. Der Anwalt hinterließ eine Nachricht. Der Anwalt und seine Frau entnahmen den Bildern in der Zeitung, daß er sich kaum verändert hatte: Er trug einen Bart

und hatte die muslimische Kappe übernommen, die man in politischen Kreisen im Exil an der Ostküste bevorzugte.
Schließlich kam Chipande sie zu Hause besuchen. Er hatte die geistesabwesende, beharrliche Freundlichkeit eines Mannes, der keine Zeit hat, Intimität wiederherzustellen; sie mußte vorausgesetzt werden. Und sie durfte nicht zur Schau gestellt werden. Er sprach den Mangel an Unterkünften für Beamte gewordene ehemalige Exilanten an. Darauf meinte der Anwalt, das Haus sei viel zu groß für zwei Personen, und er könne gern einziehen und einen abgeschlossenen Teil als sein Privatquartier betrachten. Chipande antwortete nicht, sondern ließ sich weiter über Allgemeinheiten aus. Die Frau des Anwalts erwähnte Pater Mulumbua, den sie seit dem Waffenstillstand nicht mehr zu Gesicht bekommen hatten. Der Anwalt fügte hinzu: »Da ist offensichtlich eine große Auseinandersetzung im Gang; er kämpft dort im Viertel ums politische Überleben.« – »Schon wieder«, ergänzte sie und erinnerte damit an ihrer aller jüngste Vergangenheit.
Aber Chipande verfolgte nur rastlos jede Bewegung des alten Muchanga, der den Schlauch ohne Rücksicht auf Spritzer von einer Pflanze zur nächsten zerrte. »Weißt du noch, wer das ist, Muchanga?« hatte sie gesagt, als der Besucher eingetroffen war. Der Alte hatte in ihrer Sprache so respektvoll gegrüßt, wie es selbst ein älterer gegenüber einem jüngeren Mann tut, dessen Aufzug und Gebaren Rang und Autorität vermuten lassen, war jedoch weder

überwältigt noch begeistert gewesen – konnte es sein, daß er insgeheim eine der gegnerischen Splittergruppen unterstützte?
Der Anwalt erzählte von den Weißen, die kurz zuvor das Land verlassen hatten – Leute, die sich rasch auf jene Art Währungsbetrug eingelassen hatten, der mehr Empörung auslöst als die meisten anderen Formen der Kriminalität, in einem neuen Staat, der Kapitalflucht befürchtet: »Laßt sie, laßt sie gehen. Ist nicht schade um sie.« Und er wandte sich anderen Themen zu – es gab so viele wichtige Fragen, die der Aufmerksamkeit der drei alten Freunde bedurften.
Aber Chipande konnte nicht bleiben. Chipande konnte nicht zum Abendessen bleiben; seine schönen, langen, samtschwarzen Hände mit dem hellen Innenfutter (so sah sie seine Handflächen) hingen ungeduldig zwischen seinen Knien herab, während er vornübergebeugt im Sessel saß und ihnen, ohne sich überreden zu lassen, die Sachlage erklärte. Er hätte eigentlich überhaupt nicht kommen dürfen, hatte offizielle Aufgaben zu erfüllen, manchmal bis ein, zwei Uhr nachts Korrespondenz vorzubereiten. Der Anwalt meinte, sie hätten gar nicht richtig Gelegenheit gehabt, sich zu unterhalten; er wollte ihn auf die Leute im Interimsparlament ansprechen, denen gegenüber Mulumbua so mißtrauisch war – was wußte Chipande?
Chipande, der sich bereits erhoben hatte, sagte etwas leicht Abfälliges, nicht über die Parlamentsmitglieder, sondern über Mulumbua – ein Verweis auf

seine Beziehung zu den jesuitischen Missionaren, die man ihm doch sehr anmerkte. »Ich muß mir vornehmen, ihn irgendwann zu besuchen.«
Wie es schien, konnte man selbst über Schwarze, die für die Partei eine Bedrohung darstellten, inzwischen nur noch unter Schwarzen sprechen. Chipande legte seinen Freunden kurz die Arme um die Schultern wie zu einem offiziellen Foto und ging. Er, der ausgestreckt auf der Couch halbe Nächte durchdiskutiert hatte und dann im Pyjama des Anwalts dort gepennt hatte. »Sobald ich mich zurechtgefunden habe, melde ich mich bei euch. Ihr bleibt doch da, nicht wahr?«
»O ja, wir bleiben da.« Der Anwalt lachte beim Gedanken an jene, die das Land verlassen hatten. »Das freut mich, daß du keinen Mercedes fährst!« rief er väterlich beruhigt beim Anblick des bescheidenen Autos, in das Chipande stieg. Wie oft waren sie sich nicht früher darüber einig gewesen, daß führende Afrikaner bescheiden leben mußten, wenn sie an die Macht kamen!
Auf der Terrasse, auf die er zurückkehrte, traf er Muchanga bei einer ungewohnten Tätigkeit an – er befeuchtete einen schmutzigen Lappen mit Gin. Er hatte eigentlich den Tag frei; warum mußte er ausgerechnet dann an den Pflanzen herumwerken, wenn man Ruhe brauchte, sich ungestört zu unterhalten?
»Sind wieder die Dinger, machen die Blätter kaputt.«
»Herrgott, dafür kann er doch Spiritus nehmen!

Oder sonst einen Alkohol! Warum besorgst du ihm nicht welchen?«
Es gab diverse Versorgungsengpässe im Land, und Gin war nun einmal knapp.

Was die Hand im Busch getan hatte, hatte sie nicht vergröbert. Auch sie war samtschwarz und elegant. Das helle Futter war nicht zu sehen, lag an ihrer Haut an, wo die Hand ihren linken Ellbogen festhielt. Komischerweise ist Schwerarbeit auf Schwarz nicht zu sehen – sie äußerte sich dazu, wie man sich über die Qualität von Textilien äußert. Die Hand war nicht so lang, fiel aber ebenso durch ihre Schönheit auf wie die von Chipande. Die Uhr war ein ansehnlicher Ausrüstungsgegenstand für einen Kämpfer. Daneben war noch etwas, halb über das Uhrarmband gerutscht, als die Hand zugegriffen hatte. Ein Lederriemen mit ein paar eingeknoteten Perlen an der Stelle, wo er zum Armband zusammengebunden war. Vielleicht ein Amulett. Schwarze Babys hatten so etwas an; oft als erstes und einziges Kleidungsstück. Großmütter und Mütter zogen es ihnen zu ihrem Schutz an. Und es hatte gewirkt; er war, als der Waffenstillstand ausgerufen wurde, noch am Leben. Einige waren zu tief im Busch gewesen, um davon zu erfahren, und waren umgekommen, als der Krieg längst vorbei war. Er dagegen hatte heftig und lachend zu allem genickt, was sie – alle drei – geplappert hatten.

Der Anwalt hatte mehr freie Zeit, als er sich erinnern konnte je gehabt zu haben. So viele seiner Klienten waren fort; er war beauftragt, ihre Mieten einzutreiben und ihre Steuern zu bezahlen, unter der Voraussetzung, daß ihre Immobilien nicht konfisziert wurden – es waren unter Leuten ihres Schlages seit dem Waffenstillstand beängstigende Gerüchte umgegangen. Aber ohne die reichen Weißen wurden kaum Prozesse um Besitztümer geführt, weder um die Kinder aus gescheiterten Ehen noch um die Häuser und Autos, die geschiedene Ehefrauen für sich beanspruchten. Die Afrikaner hatten ihre eigenen Methoden, eine solche Neuverteilung von Gütern durchzuführen. Und eine Versammlung von Ältesten unter einem Baum genügte, um Meinungsverschiedenheiten über Grundstücksgrenzen beizulegen oder für und gegen die Schuld einer Frau zu argumentieren, die des Ehebruchs angeklagt war. Er hatte hintenherum erfahren, daß man ihn möglicherweise auffordern würde, als verfassungsrechtlicher Berater für die Partei tätig zu werden, aber daraus war anscheinend nichts geworden. Er nahm den Entwurf für eine vorläufige Verfassung, dessen er hatte habhaft werden können, mit zu sich nach Hause. Ganze Nachmittage saß er dort in seinem Arbeitszimmer und notierte Gegenvorschläge oder Verbesserungen, die er Chipande zuschicken wollte, oder einem der anderen hochgestellten Männer, die er kannte. Und jedesmal, wenn er aufblickte, saß Muchangas kleine Schar am unteren Ende des Gartens beisammen. Als er einmal gewahr wurde, daß sie sich in alle Winde zerstreut hatten, schlenderte er selbst dort hinunter, um wieder einen klaren Kopf zu bekommen (er wurde schläfrig, wie er es nie geworden war, wenn er zwölf Stunden am Tag in der Kanzlei gearbeitet hatte). Sie aßen getrocknete Garnelen vom Markt: Das war es also, was sie taten! Der Boden war übersät mit abgebissenen Köpfen und schwarzen Stielaugen. Seine Frau lächelte. »Sie bringen sie mit. Muchanga wagt sich seit dem Tumult nicht mehr in die Nähe des Marktes.« – »Das ist doch lachhaft. Wer soll ihm denn was anhaben?«

Es wurde sogar der Vorschlag laut, daß sich der Anwalt um eine Professur an der Universität bewerben solle. Der Lehrstuhl im Fachbereich Jura war unbesetzt, da die Studenten die Relegation bestimmter Professoren gefordert hatten, die während des Kolonialregimes eingestellt worden waren – insbesondere der verkalkten (endlich), die in der juristischen Fakultät Staub angesammelt hatten, und des recht anständigen jungen Mannes (schade um ihn), der Politikwissenschaft gelehrt hatte. Aber welcher Professor der Politikwissenschaft konnte schon damit rechnen, sowohl ein Kolonialregime zu überleben als auch das revolutionäre Regime, das es besiegt hatte? Da immer noch die Möglichkeit bestand, daß man ihn zum Berater der neuen Regierung berufen würde, entschieden der Anwalt und seine Frau, daß er sich aus dem universitären Umfeld fernhalten sollte, wo die Studenten nach Afrikanisierung riefen, und selbst ein Amtsinhaber mit seinen Referenzen als Kämpfer, der früher auf der Seite der

Schwarzen juristische Schlachten gegen das Kolonialregime ausgefochten hatte, würde ihrem Zorn möglicherweise nicht entgehen.
Die Zeitungen, die ihnen Freunde aus dem benachbarten Ausland zuschickten, brachten Statistiken über die Zahl der sogenannten »Flüchtlinge«, die ins Nachbarland einreisten. Außerdem enthielten diese Zeitungen Sensationsmeldungen über die unvermeidlichen Fehler und Mißverständnisse einer neuen Verwaltung, die dazu geführt hatten, daß das neue Regime mehrere ausländische Geschäftsleute in Untersuchungshaft genommen hatte. In den letzten fünfzehn Jahren der Kolonialherrschaft hatte *Gulf* im Territorium nach Öl gebohrt, und es war unvermeidlich, daß alle möglichen fragwürdigen Gestalten angesichts der Entschlossenheit des Regimes, sich nicht instrumentalisieren zu lassen, für das höchste Gebot in ideologischer wie in wirtschaftlicher Beziehung versuchen würden, Konzessionen zu erwerben.
Seine Frau sagte: »Der Metzger ist weg.«
Er war zu Hause, saß lesend an seinem Schreibtisch; er konnte dort seine Tage meist nützlicher zubringen als im Büro. Sie war nach dem Frühstück mit ihrem Deckelkorb aufgebrochen, den sie gern zum Einkaufen mitnahm, und war kaum zwanzig Minuten fortgewesen. »Willst du damit sagen, der Laden ist zu?« Der Korb war leer. Sie mußte auf dem Absatz kehrtgemacht haben und nach Hause gekommen sein.
»Weg. Leer. Er hat übers Wochenende alles ausgeräumt.«

Sie ließ sich unvermittelt auf der Schreibtischkante nieder, und nach einem Augenblick der Stille lachten sie beide, ein kurzes, eigentümliches, heimlichtuerisches, verschwörerisches Lachen. »Was meinst du, warum?« – »Schwer zu sagen. Auf jeden Fall hat er Wucherpreise verlangt, wenn man ein anständiges Stück wollte. Aber Fleisch ist jetzt so schwer zu bekommen; ich fand es den Preis wert – gerechtfertigt.«

Der Anwalt zog die Brauen hoch und die Mundwinkel herunter: »Genau.« Sie verstanden einander; der Mann hatte vermutlich gewußt, daß er Schwierigkeiten bekommen würde – wahrscheinlich war ihm kaum etwas anderes übriggeblieben, als für seine Ware auf dem schwarzen Markt ohnehin gesalzene Preise zu bezahlen.

Läden wurden von den Arbeitslosen und Faulenzern geplündert (es hatten schon immer viele Arbeitslose herumgelungert, die sich nahmen, was in der Stadt abfiel). Sie waren der Meinung, daß das neue Regime sie berechtigte, sich anzueignen, was sie vorher nicht gewagt hatten. Läden, in denen Rundfunk- und Fernsehgeräte verkauft wurden, waren das bevorzugte Ziel von Banden, die die Slogans der Partisanen übernommen hatten. Transistorradios waren tragbare Luxusgüter für das Leben auf den Straßen; das neue Regime sprach über ebendiese Radios ernste Warnungen aus, daß Plünderungen und Gewalt streng geahndet würden, aber es war schwer für die Polizei, überall zugleich zu sein. Manchmal gerieten ihre Einsätze zu Straßenschlachten, da die Auseinandersetzungen mit den Plünderern einen anderen Charakter bekamen, wenn Anhänger der mit der Partei konkurrierenden Splittergruppen sich mit den Dieben gegen die Polizei verbündeten. Man mußte ständig bereit sein, eine andere Richtung einzuschlagen und rasch einen Umweg durch eine Seitenstraße zu machen, wenn man bei einer Fahrt durch die Stadt auf solche Störungen traf. Manchmal gab es Tote; der Mann und seine Frau hatten bisher Glück gehabt und keinen aus der Nähe gesehen. Eine Kompanie des Partisanenheers wurde zur Verstärkung der Polizeikräfte aus dem Norden herangeholt und in der Kaserne einquartiert; die Soldaten patrouillierten vor allem im Viertel. Muchangas Freund behielt, obwohl nun bewaffnete Wachposten aufgestellt worden waren, seine Stelle als Türsteher. Die Frau des Anwalts fand es angebracht, mit dieser Nachricht ihren Briefen an Verwandte in Europa eine lockere Note zu verleihen.

»Wohin wirst du ab jetzt gehen?«

Sie glitt vom Schreibtisch und hob ihren Korb auf. »In den Supermarkt, glaube ich. Oder wir werden Vegetarier.« Er wußte, daß sie, obwohl sie dabei lächelte, deshalb so schnell aus dem Zimmer ging, weil sie verhindern wollte, daß er vorschlug, Muchanga solle ausgeschickt werden, um auf den Märkten am Kai im Viertel Fisch zu besorgen. Sie ließen Muchanga alle möglichen exzentrischen Weigerungen durchgehen; einen Grund dafür gab es nicht, es sei denn aus kurioser Sentimentalität wegen ihres Vaters.

Sie vermied es wegen der automatischen Waffen, die die jungen Wachtposten anstelle von einfachen Gewehren trugen, an der Kaserne vorbeizugehen. Umgehängte Gewehre zeigten nach oben, Maschinenpistolen geradeaus in Richtung Straße, in Höhe diverser Körperteile von großen und kleinen Menschen, auf die Popos von Babys, die auf den Rücken ihrer Mütter gebunden waren, auf die runden Köpfe von Kindern, auf ihren Deckelkorb – sie merkte, daß sie genau wie alle anderen wurde: Was sie empfand, war Angst. Sie fragte sich, was der Metzger und seine Frau zueinander gesagt hatten. Weil er jemand gewesen war, den sie gekannt hatte. Er hatte ihr das Fleisch verkauft, das zu kaufen die Frauen und ihre Babys um sie herum auf der Straße nicht das Geld hatten.

Es war etwas ganz Unerwartetes, von ihren eigenen Bestrebungen Unabhängiges, das die Entscheidung herbeiführte. Ein Freund von jenseits der Grenze rief mit dem Angebot einer Stelle in einer Anwaltskanzlei an, die dort hochangesehen war und auf der ganzen Welt einiges Prestige besaß, da das Team Personen verteidigt hatte, die für die Pressefreiheit eintraten, und militante Kleriker, die sich für Gewissensfreiheit in politischen Fragen einsetzten. Ein Anruf; so einfach war das. Der Freund sagte (und der Anwalt wiederholte seine Worte nicht einmal seiner Frau gegenüber), daß sie stolz wären, einen Mann mit seiner Courage und seinen Überzeugungen in der Kanzlei zu haben. Er könne versichert sein, daß er die liberalen Prinzipien aufrechterhalten dürfe, die er immer vertreten hatte. Es gebe in diesem Land, das nach wie vor von einer weißen Minderheit beherrscht wurde, viele Weiße, denen die Ungerechtigkeiten verhaßt seien, unter denen die schwarze Bevölkerung leide, und so weiter und so fort, die der Meinung seien, man dürfe die Notwendigkeit friedlicher Veränderungen nicht ignorieren, und so weiter und so fort.

Seine eigene Kanzlei stellte kein Problem dar; eine Organisation namens *Africa Seabeds* (Formosa-Chinesen, die im Austausch gegen Reis die Konzession erhalten hatten, Seetang und getrocknete Garnelen auszuführen) übernahm den Pachtvertrag und die Schreibkräfte. Die dienstältesten Büroangestellten und den derzeitigen Rechtsreferendar (der Anwalt hatte immer jungen Schwarzen eine Chance gegeben, lange bevor andere Leute sich dazu durchgerungen hatten – es war nicht nur der Privatsekretär des Präsidenten, der ihm seinen Karrierestart verdankte) brachte er beim neuen Gewerkschaftsverband unter. Er kannte immer noch ein paar Schwarze, die sich an die Zeit erinnerten, als er im Rechtsstreit mit der Kolonialregierung schwarze Arbeiter vertreten hatte. Das Haus mußte einfach erst einmal leer stehen. Es war nicht imposant genug, um als Botschaftsbau interessant zu sein, aber vielleicht genügte es für einen Diplomaten im mittleren Dienst – sie beauftragten einen Immobilienmakler, einen Mischling, der aller Wahrscheinlichkeit nach im Land bleiben würde: In das Land jenseits der

Grenze durften nur Weiße einreisen. Geld mitzunehmen würde wesentlich schwieriger sein, als das Haus loszuwerden. Der Anwalt würde immer wieder zurückkommen müssen, solange dies praktikabel blieb, in der Hoffnung, ein Schlupfloch in den Währungskontrollvorschriften zu finden.

Der Frau wurde die Aufgabe übertragen, eine Umzugsfirma zu finden. In ihrer Unschuld hatten sie geglaubt, daß das ganz einfach sein würde. Jedes große Fahrzeug, von einem Möbelwagen ganz zu schweigen, war auf Monate hinaus ausgebucht. Sie hatte keine andere Wahl, als Schmiergeld zu bezahlen, obwohl das gegen ihre Prinzipien verstieß. Es hieß Praktiken in Kauf nehmen, die ein junger schwarzer Staat ihrer Meinung nach ausrotten mußte, ehe sich Korruption einbürgerte. Er würde seine gesamte juristische Bibliothek mitnehmen; für ihn war sie sein wertvollster Besitz. Keiner von beiden hing besonders an ihrem Mobiliar. Sie wußte nicht, was von ihrem Besitz sich im Zweifelsfall als unverzichtbar erweisen würde. Bis auf die Pflanzen. Und die mitzunehmen kam nicht in Frage. Sie brauchte erst gar nicht damit anzufangen. Sie wollte ihre Riesenpflanzen nicht zurücklassen, von denen, wie sie glaubte, die meisten in Südamerika und nicht in Afrika heimisch waren, deren Luftwurzeln während der Regenzeit stündlich ihre Spitzen an der Ziegelmauer der Terrasse weiterschoben, deren große Blätter zu Schutzschildern gegen die Spritzer von Muchangas Gartenschlauch wurden, dessen Wasserstrahl als harmloser Pfeilhagel davon abprallte, deren Stengel man mit zwei Händen gerade umfassen konnte, die glatt und plastisch der Länge nach eingekerbt oder dort, wo sich der Stengel eines toten Blattes gelöst hatte, mit runden Vertiefungen versehen waren, die sowohl die Stelle markierten als auch ein zugleich kühnes und erlesenes Muster bildeten. Solche Pflanzen ließen sich nicht transportieren; sie waren selbst zum Verschenken zu schwer.

Am Abend, als sie anfing, die Bücher einzupacken, klingelte im Arbeitszimmer das Telefon. Chipande – er nannte sie beim Vornamen, eindringlich, gebieterisch – »Was ist los? Stimmt es, was ich höre? Laß mich mal mit ihm reden ...«

»Unser Freund«, sagte sie, den Arm mit dem Hörer lang nach ihrem Mann ausgestreckt.

»Ihr könnt unmöglich das Land verlassen!« brüllte Chipande durchs Telefon. »*Ihr* doch nicht! Ich komme vorbei. *Jetzt sofort.*«

Sie fuhr fort, die juristischen Bücher einzupacken, während Chipande und ihr Mann bei geschlossener Tür im Wohnzimmer zusammensaßen.

»Er hat geweint. Stell dir vor, er hat tatsächlich geweint.« Ihr Mann stand an der Tür, allein.

»Ich weiß – das hat mir an ihnen immer so gefallen, was immer sie sonst tun. Sie haben Gefühle.«

Der Anwalt verzog das Gesicht: Da hast du's, es ist passiert. Schwer zu glauben.

»Hier so hereinzuschneien, nach fast einem Jahr! Ich hab' zu ihm gesagt: Wir haben dich so lange nicht gesehen – er hat keine Notiz genommen. Auf einmal fängt er an, Druck auf mich auszuüben, ich solle doch die Stelle an der Universität annehmen, hat alle möglichen Einwände erhoben, warum ich nicht dies – warum ich nicht jenes. Und dann hat er einen Augenblick richtig geweint.«

Sie packten weiter Bücher ein, wie ein Maurer und sein Gehilfe, die mit Geschick Ziegelsteine zur Hand nehmen und einander zuwerfen.

Und am Morgen ihrer Abreise war alles fertig. Einundzwanzig Jahre ihres Lebens in dem Haus paßten ohne weiteres in den einen Möbelwagen. Sie schwiegen einander an, vielleicht aus Besorgnis über die lästige Durchsuchung ihrer Habseligkeiten, die an der Grenze stattfinden würde. Es hieß, daß man, wenn man es mit allzu gewissenhaften oder übereifrigen Partisanentrupps zu tun bekam, gezwungen würde, selbst ein Klavier, einen Kühlschrank oder eine Waschmaschine auszupacken. Sie hatte Muchanga eine Hausiererlizenz gekauft, einen Handkarren und einen kleinen Warenbestand. Nachdem so viele von weißen Besitzern betriebene Läden verschwunden waren, gab es Geschäftsmöglichkeiten für bescheidene fliegende Händler schwarzer Hautfarbe. Muchanga hatte seine Angst vor der Stadt verloren. Er war stolz auf das, was sie für ihn getan hatte, und sie wußte, daß er sich selbst als reicher Kaufmann fühlte. Es war die einzige Form von Freiheit, von der er sich eine Vorstellung machen konnte, nach so vielen Jahren als Hausdiener. Aber sie wußte auch – und der Anwalt, der neben ihr im Auto saß, wußte, daß sie es wußte –, daß Muchanga wegen des Mangels an Waren, die er von seinem

Karren verkaufen konnte, Zucker und Seife, Streichhölzer, Pomade und Sonnenbrillen, bald pleite gehen würde. Er versprach, jede Woche ins Haus zu kommen und nach den Pflanzen zu sehen. Und er stand winkend am Tor, wie jedes Jahr, wenn sie in den Urlaub aufgebrochen waren. Sie wußte nicht, was sie ihm bei der Abfahrt zurufen sollte. Es fehlten wieder einmal die rechten Worte; was sie auch gewesen sein mochten, sie ließ sie hinter sich zurück.

Ein Löwe auf der Straße

Aufmachen!
Aufmachen!
Was hämmerte da an die Pforten des Schlafs?
Wer ist da?

Jeder, der im Umkreis des Zoos wohnt, hört in Sommernächten auf anderthalb Kilometer Entfernung die Löwen. Ein Tourist könnte das falsch verstehen. In Afrika angelangt; endlich; obwohl er in einer ganz normalen Metropole zu Bett gegangen ist.
Kurz vor dem Morgengrauen, wenn es angeblich am dunkelsten ist, wenn der Körper im Dämmerzustand ist und im Krankenhaus am Berg alte Leute sterben – dann öffnet sich die Nacht, ein schwarzes Loch zwischen den Sternen, und aus ihm ertönt ein tiefes Hecheln. Weit entfernt und zugleich nah, direkt im Ohr, denn Atemgeräusche sind immer intim. Es nimmt zu, tiefer, schneller, rauher, bis sich ein großes Ächzen, ein lauter werdendes Ächzen aus den verbogenen Stangen des Käfigs erhebt und über der Stadt hängt...
Und dann zurückfällt, verebbt, wieder ein Hecheln wird.
War es das? Nein, warte; es wird ganz leise, kaum mehr als eine leichte Unebenheit, an der sich die

Luft in den Kammern des Ohrs verfängt. Und wenn es zwischen Strophe und Antistrophe gesunken zu sein scheint, wird erneut Atem geholt; er keucht einmal, hält inne, hält die Nacht in der Schwebe wie der Sänger einen Ton. Und beginnt wieder von vorn. Das Hecheln steigt auf, auf, ab, ab, ab zu jenem Ehrfurcht gebietenden Ächzen...

Aufmachen!
Aufmachen!
Mach die Beine breit.

Auf den hell erleuchteten Stationen der Geriatrie werden die Schläuche aus Nasen und Infusionsnadeln aus Armen entfernt und Gesichter mit Laken zugedeckt. Ich ziehe das Laken über meinen Kopf. Ich rieche meinen darunter gefangenen Atem. Es ist sehr spät; es ist viel zu früh, um wach zu sein. Manchmal sind die Gummireifen des Milchwagens über unseren Schlaf gerollt. Dann hast du dich umgedreht...

Brüllen ist nicht das richtige Wort. Kinder lernen, nicht eigenständig zu hören, sondern üben in der Grundschule die Zuordnung von Verben: »Ergänze folgende Satze: Die Katze..., der Hund..., der Löwe...« Wer das entschieden hat, hat sich nic an gehört, wie es wirklich klingt. Das Verb ist lautmalerisch so falsch, wie die Wappentiere, die im dreizehnten und vierzehnten Jahrhundert nur anhand der Beobachtungen der ersten Entdeckungsreisen-

den aus zweiter Hand graviert wurden, anatomisch falsch sind. Brüllen ist nicht das richtige Wort für das Ein- und Ausatmen der mächtigen Tiere in den frühen Morgenstunden.
Die Löwen im Zoo geben tagsüber keinen Laut von sich. Sie gähnen, warten darauf, daß ihnen ihr mundgerechtes Fleisch vorgeworfen wird, ziehen die unbenutzten Krallen ein, legen die viel zu schweren zottigen Köpfe auf riesige harmlose Tatzen (der Löwe ist in der Vorstellung immer ein mähnenbewehrtes Männchen), werfen aus halb geschlossenen Lidern Blicke, die Zoobesucher in ihrer geilen Sentimentalität als sehnsüchtig interpretieren.

Einmal waren wir an der Ostsee, als ein Ozeanriese im nächtlichen Dunst sein Nebelhorn erschallen ließ. Aber würde ich es wagen, jetzt den Mund aufzumachen? Könnte ich mich darauf verlassen, daß mein Atem in diesen muffigen Nächten sauber riecht?

Nur in warmen Sommernächten sind die Löwen rastlos. Wenn sie während des Tages in die Ferne blicken, sehen sie nichts. Ihre Augen sind offen, doch sie sehen uns nicht – man merkt es daran, wie sich die Pupille plötzlich zusammenzieht, wenn eine der um Popcorn bettelnden Tauben dicht vor ihnen durch die Stangen des Käfigs herabstößt. Sonst bleibt das Auge ausdruckslos und nimmt nichts wahr. Die Löwen sind im Zoo geboren (ein paar kurze Wochen lang dürfen die Jungen besichtigt werden, Kinder dürfen sie im Arm halten). Sie kennen nichts anderes als den Zoo; sie bringen nicht unsere Sehnsüchte zum Ausdruck. Nur in bestimmten Nächten verkrampfen sich ihre Muskeln, und sie beginnen zu hecheln. Ihre Flanken heben und senken sich, als rennten sie durch die Nacht, während andere Tiere vor ihnen auseinanderstieben. Ihre Unterkiefer hängen angespannt und feucht herab, und Speichel fließt, als witterten sie ein Beutetier. Endlich heben sie ihre zu großen Köpfe, schwere, schwere Köpfe, und geben Laut. Hinaus über die Vorstädte. Ein furchtbares Anstrengen der Eingeweide, um es hervorzustoßen: ein Ächzen, das in einer niedrigen Wolke aus Smog und Qual über den Häusern hängt.

O Jack, o Jack, o Jack, o – ich habe es einmal durch eine Hotelwand gehört. War allein und habe gehorcht. Decke über dem Kopf, Knie hochgezogen bis zu den Fäusten. Augen weit aufgerissen. Schlaf weiter! – mein Kommando. *Schlaf weiter.*

Es muß an der neuen Fernstraße liegen, daß sie neuerdings nicht mehr so oft zu hören sind. Sie wirft ihr fünfspuriges Lasso in der Nähe aus, zieht das Tal zwischen dem Zoo und den Häusern auf dem Bergrücken an sich. Dort herrscht sehr spät noch, zu früh schon reger Verkehr. Lastwagen, Tankwagen, die losgefahren sind, bevor es hell wird. Die Gischt rotierenden Gummis auf Asphalt ist ein Wesensmerkmal städtischer Stille; nach einer Weile hört man

sonst kaum noch etwas. Nur manchmal – vielleicht liegt es am Wind. Selbst in einer lauen Sommernacht muß gegen Morgen eine Brise aufkommen. Nicht genug, um die Vorhänge zu bewegen, aber doch ein Luftzug, der das leise, klare, ferne Hecheln direkt ins Ohr gebracht hat.
Oder vielleicht war es der pure Whisky nach dem Abendessen. Die Regel lautet: Man soll nach dem Abendessen nicht trinken. Ein metabolischer Schalter setzt das Gehirn in Gang: aufmachen.
Wer ist da?
Ein Lastwagen mit Kartoffeln an der Ampel läßt uns im sechzehnten Stock erzittern.
Vom Schlaf erschlafft, wurde ich in den frühen Morgenstunden aufgespießt. Du bist gewachsen wie ein Baum und hast das Pflaster angehoben; alles wölbte sich hoch, bekam Sprünge und platzte hervor.

Wer ist da?

Wie etwas, das man in der Zeitung gelesen hat... Ja. Gestern nacht – heute nacht – in der Spätausgabe, Titelseite, die schwarzen Streikenden auf der Straße, Hafenarbeiter mit Stöcken und Knüppeln. Ein dicker tänzelnder schwarzer Tausendfüßler mit Tausenden rudernder Beine, der langsam vorrückt. Das Hecheln wird lauter, es könnte im Garten sein, oder unterm Fenster; jetzt kommt das Innehalten, die Atempause. War es das? Warte: Ich warte. Es tänzelt, rückt über den sorgsam gepflegten Rasen vor, den man nicht betreten darf. Sie sind durch eine

Stadt gezogen, die von dieser nicht weit entfernt ist. Ihre Schritte sind so rhythmisch, und sie schwenken Stöcke (keine Speere mehr, noch keine Gewehre); sie können mit der Zeit jede Entfernung zurücklegen. Läden und Häuser wurden vor ihnen verriegelt, als sie vorbeizogen. Und der Schrei, der sich ihnen im Näherkommen entrang – dieses angestrengte Ächzen, der Brunftschrei der Freiheit, der die Stangen des Käfigs verbiegt, er hat ihn hervorgestoßen, er ist so nahe, als wäre er jetzt draußen auf der Fernstraße, verwirrt orientiert er sich, wendet endlich den prachtvollen Kopf, um zu beanspruchen, was er nie gesehen hat, das Land, in dem er König ist.

Geschwister

Fünfzehn, das war drei Jahre zu jung für den Führerschein, doch er fuhr mit dem Mini durch die ruhigeren Straßen des Vororts von Johannesburg, wenn er in den Schulferien zu Hause war, und bei der Gelegenheit sah er sie mehr als nur einmal – unverkennbar sie. Sie humpelte, und ihr Rock schleifte auf dem Boden. Diese komischen Schuhe ließen ihre Füße wie die Hufe von Zugpferden aussehen, und darüber waren mehrere Schichten dünner, weiter Kleidungstücke. Auf ihrer Bluse blitzten winzige aufgenähte indische Spiegel, und ein gehäkeltes Schultertuch klebte an ihrem Körper. Sie war wieder dünn geworden. Manchmal (meist dann, glaubte er, wenn sie frisch aus der Klinik kam) war sie beinahe abscheulich fett und lustig, trotz der frischen Narben an der Innenseite ihrer Handgelenke, von denen alle die Blicke abwandten. Sie ging, wie Landstreicher gehen, wie Kinder, wenn die Schule aus ist: wie jemand, der nirgendwohin muß. Sie vegetierte einfach dahin auf der Straße, auf die sie sich zwischen einer Nacht und der nächsten verirrt zu haben schien – drinnen bei Lampenlicht hätten ihre Pantomimenschminke und die neonfarbenen Haare ein erkennbares Gesicht ergeben.

Er brauchte nicht anzuhalten und mit ihr zu reden, wenn er nicht wollte. Sie sah ihn nie; sie achtete auf nichts und niemanden, existierte in kokettem Eigensinn nur als Objekt, das andere zu betrachten gezwungen waren (der Neigung ihres Kopfes war zu entnehmen, wie sicher sie sich dessen war). Ein Wunder, daß sie nicht überfahren wurde.

Der passiert nichts, hatte seine Mutter gesagt, im Verlauf einer dieser Standardsituationen, die sich Familienrat nennen und die dunkle Seite familiärer Komik darstellen – sich ewig wiederholend, unausweichlich, ohne Hoffnung auf einen neuen Ausgang. Sie wird meine Schwester umbringen, das ist alles, hatte seine Mutter gesagt. Sein Vater war verstummt, sobald keine praktischen Maßnahmen mehr besprochen wurden; solche emotionalen Ausbrüche waren Frauensache, genau wie Menstruation und Gebären. Auch er selbst hatte geschwiegen: Wenn sie in derart giftigem Ton daherredete, mit einem unbewußten Kopfwackeln (wie ein Maskottchen, dessen Hals an einer verborgenen Feder befestigt ist und das bei manchen Leuten nickend im Rückfenster ihrer Autos sitzt), war sie nicht seine Mutter, sondern irgendeine Frau, ein Wesen, das mit ihm nicht das geringste zu tun hatte.

Noch eine Standardsituation gab es, die ging so:

Du bist dir doch darüber im klaren, daß die Versicherung nicht zahlt, wenn er jemanden überfährt.

Er fährt doch ganz vorsichtig.

Es geht nicht darum, wie er sich verhält. Wenn jemand ihn anfährt, ist er es, der gegen die Regeln ver-

stößt. Er hat kein Recht, auf der Straße zu sein. Du ermutigst ihn, das Gesetz zu brechen.
Laß gut sein. So schlimm ist es nun auch wieder nicht. Wenn er kein anderes Gesetz bricht... Schließlich nimmt er keine Drogen und hält sich von der Motorradgang fern. Du kannst dich glücklich schätzen. Er fährt doch nur hier in unserem Vorort...
Und was hatte *sie* in dem Vorort zu suchen, in dem sie sich so entschlossen zur Außenseiterin gemacht hatte? Was wollte sie hier, vor den weißen Mauern mit rankenden Bougainvilleen, mit Tauben aus Gips und klassizistischen Urnen über schmucken Teakholztoren mit der Aufschrift: VORSICHT, BISSIGER HUND, DIESES ANWESEN WIRD VON EINER VIGILANT-ALARMANLAGE GESCHÜTZT? Das Rätsel ihrer Existenz erinnerte ihn an sie: Sie – die ganze Familie – hatten in stillschweigender Übereinkunft irgendwann bedauernd aufgegeben, hatten von ihr abgelassen und sie aus ihrem Leben verbannt, da sie ihr nicht helfen konnten. Und doch war sie da. Jeden Morgen, wenn er im Internat von Glockengeläut und Stimmengewirr geweckt wurde, oder zu Hause wunderbar spät durch einen Lichtstrahl, der schräg durch den Vorhangspalt fiel und mindestens zehn oder halb elf Uhr anzeigte, begann auch für sie der Tag – irgendwo. Was für ein Tag? Er dachte an die Schrecklichkeiten, von denen alle wußten, daß sie ihr widerfahren waren, an den Nachmittag, als die Frau, die für sie die Wäsche wusch, sie bewußtlos schnarchend neben einer leeren Packung Schlaftabletten aufgefunden hatte, an

den Tag, an dem sie gerade noch die Kraft gehabt hatte, eine Freundin anzurufen und ihr flüsternd mitzuteilen, daß sie sich wieder einmal die Pulsadern aufgeschnitten habe, an die verzweifelten telefonischen Appelle (erst an Familienangehörige, dann an immer entferntere Verwandte, als wieder welche »genug von ihr« hatten) aus den Polizeirevieren, wo man sie wegen Drogendelikten festhielt, oder aus der geschlossenen Abteilung psychiatrischer Kliniken, die er sich schlimmer als ein Gefängnis vorstellte. Solche Tage waren in seiner Vorstellung vom panischen Geheul der Polizeifahrzeuge und Krankenwagen erfüllt und sirenenhaft verklärt – solche Tage konnten in keiner Beziehung zum Alltag stehen. Nicht zum Alltag seines Lebens, des Lebens aller anderen aus seinem Bekanntenkreis. Doch ihr Leben, hatte man ihm erzählt, verlief den Ärzten zufolge täglich mit dieser atemberaubenden, lungenberstenden Lautstärke. Ja, er wurde an sie erinnert. Sie hatte ihm schon damals angst gemacht, als sie sieben und er ungefähr vier war, als sie, wenn sie sich beim Spielen gestritten hatten, den Mund zum lautlosen Schrei geöffnet, den Atem angehalten hatte. Ihr Gesicht, das um den Mund herum allmählich lila-schwarz angelaufen war, hatte sie ihm dabei immer direkt zugewandt. Schossen ihr dann endlich die Tränen aus den Augen, hatte er das Gefühl gehabt, es sei in ihrem Innern etwas geplatzt, aber wenigstens war sie am Leben geblieben.

Noch am Leben. Sie hatten in ihrer Kindheit nicht bloß als Cousin und Cousine zusammengelebt –

ihre Mutter und die seine waren eineiige Zwillinge und die Kinder hatten, könnte man sagen, an denselben Brüsten gehangen. Diese Kindheit hatte sich gefahrlos um ihn herum aufgetan, während sie die ihre gewaltsam aufgeschlitzt hatte, wie das Bajonett eines Söldners einen Bauch aufschlitzt, und sich blutend von ihr losgerissen hatte. Er fragte, wo Maxine jetzt wohl lebe? Nun, man hatte monatelang nichts von ihr gehört, und das hieß, daß sie zumindest nicht in der Patsche saß. Sie nahm nämlich nur dann Kontakt auf, wenn eine Krise anstand. Als letztes war zu erfahren gewesen, daß sie in Hillbrow mit einer Frau zusammengezogen war. Das war das Neueste; sie quälte ihre Mutter noch aus der Ferne, indem sie sich rühmte, als Lesbierin zu leben. Und was hatte der Psychiater dazu zu sagen? Der Psychiater! (Seine Mutter behandelte ihn wie einen Erwachsenen; sie fand es nicht ratsam, ihm etwas vorzuenthalten.) Der Psychiater! Den wickelt das Kind doch um den kleinen Finger! Du weißt doch, wie sie immer war. Läßt ihren Charme spielen, lügt und betrügt und schmeichelt sich ein, und er fällt ihr zum Opfer, wie alle anderen auch. Die ruht und rastet nicht, bis sie ihn auch vernichtet hat – ihn und seine berufsbedingte Distanziertheit. Genau wie sie alles vernichtet, wonach sie sich sehnt. Wie sie meine arme Schwester vernichtet hat.
Darauf fragte er, was aus R. D. Laing geworden sei.
Wenn das Problem ihrer Existenz ausnahmsweise nicht ganz totgeschwiegen wurde, kam es zu diesen

Diskussionen, die darum gingen, was mit seiner Cousine zu geschehen habe. Ein Vorschlag, der letztes Jahr zu Weihnachten aufgekommen war, ging dahin, sie zur Behandlung nach England zu schikken. Die Frau, die neben ihm auf der Terrasse saß, die ihre Mütterlichkeit, als sie noch klein waren, unterschiedslos auf ihn und das kleine Mädchen verteilt hatte, war seinerzeit beauftragt worden, die Möglichkeit zu erkunden. Aber das Laing Institute wurde offenbar nicht mehr von dem berühmten Mann persönlich geleitet. Die Mutter berichtete von dem Brief eines anderen, der mit »Gestörten« direkte Erfahrungen hatte: Lemaître meint, es muß jemand sein – nicht die eigene Mutter, dazu ist es zu spät, das geht nicht mehr –, jemand, der wie eine Mutter zu ihr steht, eine Familie, die sie in die Familie aufnimmt, und dann muß man bereit sein, sich *alles* gefallen zu lassen. Zu akzeptieren. Egal, was. Mit einem Wort: akzeptieren. Alles, was sie tut. Das kann Jahre dauern, muß selbst dann nicht unbedingt erfolgreich sein, aber es ist die einzige Möglichkeit. – Aber was soll aus den Leuten werden? Wenn sie sie vernichtet – die ganze Familie? Was wird derweil aus ihnen? – Lemaître hat gesagt, ja, das ist es, was ich meine: Man nimmt sich ihrer an und läßt sie gewähren. Es ist die einzige Möglichkeit, ihr zu helfen. Man nimmt sich ihrer an, und wenn man es nicht aushält, muß man zu ihr sagen: Geh!
Sie saßen zu zweit in der Sonne und rauchten; er rauchte nicht in Gegenwart seines Vaters, der aus

gesundheitlichen Gründen dagegen war. Der Hund kam und schnüffelte an ihm herum. Aber seine Mutter wollte das Problem dieses Daseins (wieder einmal) nicht fallen lassen, ohne ihn zum Komplizen zu machen. Wenn er seine Mutter geteilt hatte, dann mit einem Menschen, der nach den gleichen Kriterien seine Schwester war.
Ausgeschlossen. Was meinst du? Für einen Mann würde man es vielleicht tun ... Oder für eine Frau – man würde es vielleicht auf sich nehmen, wenn man in den Betreffenden verliebt wäre. Möglicherweise. Aber von wem könnte man erwarten –
Er schob den Hund weg, wischte ihm dann zärtlich mit den langen Ohren über die feuchten Augen. Sie wartete auf seine Antwort, und er sah sie an, mit dem Blick, auf den sie gewartet hatte. Sie sagte: Es ist unnatürlich. Das tun nur Heilige. – Gleich darauf drückte sie ihre Zigarette aus und trug mit dem Hund im Gefolge den Stummel ins Haus, denn sie sah es nicht gern, wenn die Leute ihre Zigarettenkippen in den Topfpflanzen auf der Terrasse deponierten.

Sie wußten es nicht, darum machte es ihnen nichts aus: Er fuhr sehr wohl manchmal ins verkehrsreiche Hillbrow und in die Stadt. Was gab es schon zu sehen in der Vorstadt, wo sich jeder in seinem privaten Garten versteckte? Und in Hillbrow hatte er eines Morgens um elf das Vergnügen, sie anhupen und ihr einen gewaltigen Schrecken einjagen zu können, als sie im selben Augenblick, da er in eine Parklücke

einschwenkte, vom Bürgersteig auf die Straße trat. Er kam sich vor wie damals, als sie noch klein waren und er sich direkt vor ihr aus einem Baum hatte fallen lassen. Sie wandte ihm ihr stolzes, wütendes, verachtungsvolles Gesicht zu und dann – sein Hupen ließ ihre ganze Inszenierung in sich zusammenbrechen – kam nicht nur ein Lächeln zum Vorschein, ihr gewaltiges Lächeln, sondern ein Gesicht, das reine Freude bekundete.
Du kleiner Teufel! Der reinste Graf Koks! Nun sieh einer an, wer da im Auto durch die Gegend fährt!
Sie hatte eine korpulente Freundin dabei, ein Mädchen, das geduldig hinter ihr auf dem Bürgersteig ausharrte. Die meisten ihrer Freunde waren so. Sie hatte sie fest im Griff, so daß sie ihr wie in Trance folgten. Nun sagte sie zu dem Mädchen: Das ist mein Cousin Patrick, wir haben früher stundenlang zusammen Doktor gespielt. Ihre Augen weiteten sich, wurden riesengroß. Ihre hellorange nachgezogenen Marlene-Dietrich-Brauen hoben sich wie die eines Clowns. Ihr Mund wurde zum großen, gespielt vorwurfsvollen umgekehrten U. – Patty, weißt du nicht mehr? Schlimm, schlimm, spielen wir Gießkännchen anfassen? Oh-hh-hh – Und die Blässe war verschwunden: Sie ahmte ihn nach, sie lachte, und ihr Gesicht war fröhlich und vom vielen Lachen ganz rosig. Sie stemmte die Hände in die knochigen Hüften, so daß ihr die Armbänder über die Handgelenke rutschten. Sie bog sich vor Lachen, und natürlich drehten sich alle nach dem hemmungslosen Mädchen dort auf der Straße um. Nur daß sie es

diesmal vielleicht tatsächlich nicht nötig hatte, sich in ihre neugierigen Blicke zu hüllen.
Komm, Patty-Mausi, du bist reich und so ERWACHSEN, du mußt uns Doughnuts und Kaffee spendieren. Sie nahm seinen Arm und senkte den Kopf, während sie ihn von dannen zerrte und ihm unter dem langen kupferfarbenen Haar hervor ins Gesicht blickte. Sie gefiel sich darin, auf die simple Tatsache zu pochen und karikierend hervorzuheben, daß sie drei Jahre älter war als er (von jenem anderen Vorsprung, dem der Schande und des Leides, einmal ganz abgesehen). Die einzige andere Frau, die er je so eskortiert hatte, war eine Tante mit einem lahmen Bein gewesen.
Ich hab eine Leidenschaft für Doughnuts. Gestern hab ich – Wie viele waren es? – Vier am Morgen und fünf am Nachmittag? Ja, Ehrenwort – Und wie viele Doughnuts hab ich vorgestern gegessen? Aber während die korpulente Freundin noch dahinterzukommen versuchte, welche Antwort von ihr erwartet wurde, wartete niemand auf sie. Also, für mich mußt du wenigstens drei bestellen – Ich meine das ganz ernst – Für sie reicht einer, sie ist auf Diät. Ab heute. Ich verordne ihr eine *strenge* Diät. Hier schmecken sie besonders gut, du wirst schon sehen. Mit einem tollen Klacks Aprikosenmarmelade in der Mitte.
Sie erwiderte die lässigen Grüße, das lakonische Winken der übrigen Gäste im Café. Er sah mit eigenen Augen den Beweis für die Existenz der Tage, an denen sie aufwachte: in den schnellen – und ebenso schnell wieder verschwundenen – Veränderungen

ihres Gesichts, wenn sie wie zum Kuß die Lippen spitzte, eine schlaffe Hand hob, leidenschaftlich die Hände über dem Kopf zusammenschlug oder den (messerscharfen) Blick senkte und vorgab, bestimmte Leute nicht zu bemerken.
Ich finde dein Haar gut, Max. Du hast es wachsen lassen.
Sie schenkte ihm ein liebenswürdiges Lächeln. Ja, Patrick? Du findest also, daß es mir steht?
Na ja, beim letzten Mal – war es an Weihnachten? Damals war es kraus. Und schrecklich gefärbt.
Ach, ich weiß. Ein grauenvoller Anblick. Ich mußte unbedingt bei euch aufkreuzen und mit meinem schaurigen Haar die weihnachtliche Tafel entweihen, die Knallbonbons und die Luftschlangen, die Blumen und die Platzdeckchen mit den Londoner Straßenszenen. Ach, ich *weiß*.
Nur er war fähig, das vertrauliche, von einer Zahnprothese hervorgerufene Zischen als das einer alten Freundin der Familie wiederzuerkennen, die die Angewohnheit hatte, fröhlich ihre Stimme zu erheben, wenn man das Zimmer betrat, um zu verbergen, was hinter dem Rücken der jungen Leute geredet worden war. Während Maxine nachahmte, wie über sie geklatscht worden war, machten sich ihre Hände auf dem Tisch zu schaffen. Sie stopfte sich gierig das unappetitlich nach Fett und Zucker riechende Gebäck in den Mund. Er gab sich Mühe, nicht auf diese Hände herabzusehen, wegen der Handgelenke und weil sie zitterten wie die eines alten Menschen. Jede Zigarette, jede erhobene

Tasse vibrierte in ihrem Griff, und ihre Hände verrieten, selbst wenn sie einen gerade zum Lachen brachte, daß sie eine Todesangst hatte. Nun jedoch fuhren die zitternden Hände von den Doughnuts auf, wie um die eitle Geste aller langhaarigen jungen Mädchen auszuführen, und hatten im Nu das Haar heruntergerissen, hatten es abgenommen wie einen prächtigen Hut mit Federschmuck und einen beinahe kahlen Schädel zum Vorschein gebracht, den vereinzelte geringelte, sonnengelb gefärbte Haarbüschel bedeckten.

Die Freundin brach in entsetztes Gelächter aus; ihre Fettpolster zogen sich wie bei einer Ziehharmonika abwechselnd zusammen und erschlafften. Von irgendwo her übertönte Applaus das Gebrüll aus der Jukebox. Jemand rief: O je, schon wieder Maxine. Eine Großmutter im feinen Hosenanzug, die einer Horde Kinder ein Eis spendierte, wurde von ihnen mit entsetzter und zugleich hocherfreuter Neugier bestürmt: Was hat die Dame? Was macht die Dame da? Dann fing das Kleinste zu weinen an und zupfte an seinem Haar: Weh! Weh!

Die Perücke fand Platz auf einem Stuhl und wurde glattgestrichen, wie ein Schoßhund gestreichelt. Der sonnengelbe Kopf auf dem dürren Hals konzentrierte sich ganz auf die Aufgabe, Doughnuts wegzustecken. Er wußte, daß sie, wenn sie Pillen schluckte, tagelang nichts aß, aber wenn man so sah, wie sie nach wie vor essen konnte, hatte man das Gefühl, daß ihr im Grunde doch nicht viel fehlte.

Mir kannst du nichts vormachen, Max, ich hab dich schon ein paarmal gesehen. In letzter Zeit. Haare wachsen so schnell nicht nach. Selbst ich bin nicht dermaßen blöd... obwohl ich es einen Augenblick vergessen hatte... Ich hab dich neulich bei uns im Viertel gesehen.
Ach, wenn ich gewußt hätte, daß du aus dem Internat zurück bist! Ich wäre vorbeigekommen. Wirklich. Wie geht es den anderen? Du mußt dir meine Wohnung ansehen, ja, Patty, unbedingt. Sie ist gleich neben der Feuerwache – du weißt, wo? Penarth Mansions. Ein altes, altes Gebäude. Nimm nicht die Vordertür. Über die Feuertreppe rechts geht es schneller. Die erste Tür, auf die du im ersten Stock stößt. Es steht ein anderer Name an der Tür, aber laß dich davon nicht abschrecken. Die Hausmeisterin ist eine alte Kuh. Sie wollte nicht, daß ich die Wohnung kriege. Deshalb haben wir sie von einem Freund anmieten lassen und sind dann einfach eingezogen. Du kannst jederzeit vorbeikommen, ja? – Und grüß mir die anderen.

Na, Gott sei's gedankt, daß es Doughnuts gibt. Eine durchaus harmlose Sucht. Hat sie was über die Frau erzählt, mit der sie zusammenlebt?
Sie hatte eine Dicke dabei, das kann sie ja wohl nicht gewesen sein.
Der ironische Unernst zog auf einmal nicht mehr. Seine Mutter sagte angewidert und gequält: Auf seine Art ist dieses Vollstopfen auch furchtbar. Infantil. Ein Zeichen von Mangel, von Regression. Sie

sehnt sich – wonach, weiß ich nicht. Weder meine Schwester noch die Ärzte, noch sonst jemand weiß es – gibt es für sie einen Unterschied zwischen dem Schlucken von Mandrax und dem von Doughnuts mit Zuckerguß?

Er selbst verspürte Mißtrauen, kindliche Eifersucht: Nach seinem Empfinden hatte er Maxine lediglich Doughnuts essen gesehen, genüßlich, so wie die Kleinen im Internat; die Marmelade war ihr zwischen den Zähnen hervorgequollen, und an ihren Lippen hatte der Hagelzucker geglitzert. Seine Mutter war furchtbar intelligent. Sie konnte analysieren und alles erklären, aber das war es auch schon. Sie konnte niemandem sagen, was er tun sollte.

Max läßt jedenfalls grüßen. Alles Liebe.

Ach, Liebe! Ich bin es leid, davon zu hören! Liebe ist eine Rechnung, auf der nicht steht, was man bestellt hat und wo, wie und in welcher Währung sie beglichen werden muß. Renn von mir aus zu noch mehr Ärzten und erkundige dich. So halten es ihre Eltern nun schon seit vier Jahren. Liebe. Bei dem Wort kommt mir das kalte Grausen. Sie läßt sich in einer Kneipe in Hillbrow zusammenschlagen. Du hättest ihren armen Unterkiefer sehen sollen. Ihr Vater muß um zwei Uhr morgens aus dem Bett, um auf dem Polizeirevier die Kaution für sie zu hinterlegen. Und *deinen* Vater erpreßt sie – ja, genau das ist es, auch wenn das arme kleine Miststück dieses häßliche Wort nicht wahrhaben will. Das war damals, als sie unter Anklage stand, weil sie eine Wohnung zertrümmert hatte. Sie weiß eben, daß wir alles tun, um

meine Schwester zu schützen. Alles Liebe. Ach, das arme kleine Biest.
Immerhin aber waren sie froh, daß er – wie sie es ausdrückten – mit Maxine Kontakt aufgenommen hatte. Er konnte sich ihre Unterredungen vorstellen, weil er wußte, nach welchem Schema sie abliefen: Wer weiß, vielleicht schafft es jemand in ihrem Alter... Vielleicht dringt er auf eine Art zu ihr durch, die uns verwehrt ist. Nach ihrer Überzeugung hatten sie wenigstens einen Abgesandten auf jenes Terrain geschickt, auf das sie selbst sich nicht hinauswagten.
Sie fragten nicht, ob er Anstrengungen unternahm, seine Cousine wiederzusehen, und er erzählte es ihnen nicht. Vorerst herrschte Ruhe. Vorsichtig (um nicht die Stille zu brechen, die über ihre Existenz verhängt war – über diese Kostbarkeit, diese ertrunkene Ophelia, die das Gesicht einer Pantomimin hervorkehrte) rieb sich seine Mutter mit dem Zeigefinger die Nase: Was unternehmen wir wegen Maxines Geburtstag?
Er konnte sich an keinen anderen Geburtstag als den eigenen erinnern. Ihr Geburtstag? Wann?
Weißt du es nicht mehr? Am sechzehnten. Am Donnerstag.
Ach, ja. Dann wird sie neunzehn.
Und er dachte: Das heißt, daß ich bald sechzehn werde; nur noch zwei Jahre, dann habe ich meinen Führerschein.
Maxines Eltern mußten den Geburtstag ignorieren; sie versuchten es gerade mit einer neuen Variante

des Begriffs Liebe – für die man die Kraft finden mußte, sich ganz und gar loszusagen.

Ein Beschluß wurde nicht gefaßt. Das kleine Problem wurde von anderen überdeckt. Aber am Donnerstagmorgen kam seine Mutter herein, als er soeben ein spätes Frühstück zu sich nahm. Du weißt doch, wo Maxine wohnt, nicht wahr? Ich muß dem Kind was vorbeibringen. Es ist zu schrecklich, wenn alle ignorieren, daß man Geburtstag hat.

Penarth Mansions. Das alte Gebäude neben der Feuerwache.

Komm mit, sagte sie. Komm mit und gib ihr einen Geburtstagskuß. Sie hat sich immer so über ihre Geburtstagspartys gefreut, hat mächtig angegeben, so ein hübsches kleines Ding, und du hast immer zu mir gesagt...

Das ist hundert Jahre her.

Ach, ich will nicht sentimental werden – Ich will nur zeigen, daß ich weiß, sie hat Geburtstag wie jeder andere auch, daß es Leute gibt, die sich die Mühe machen, daran zu denken.

Schon gut, deswegen brauchst du mich nicht gleich aufzufressen.

Das nächste Problem war, was man ihr für ein Geschenk kaufen sollte.

Etwas für die Wohnung? Aber sie zieht ständig um, nicht wahr, das wäre unangebracht, sie würde hinter unserem Rücken über uns lachen.

Warum sollte sie *lachen*? Du verstehst das nicht; sie macht sich nicht über andere Leute lustig wie du und Papa und ihre eigenen Eltern. Sie ist nicht gehässig. Sie selbst ist es, über die sie sich dauernd lustig macht. Andererseits braucht sie so was nicht – Handtücher und dergleichen. Sie hat nur ein Zimmer...

Er verriet nicht, daß er die Wohnung nur einmal aufgesucht hatte und Maxine nicht dagewesen war. Eine geschlagene Stunde hatte er wartend herumgesessen, mit dem Typen, der sich die Wohnung mit ihr teilte, ihrem Freund, nahm er an. Sie sahen sich ähnlich, der Freund und er: Beide hatten sie lange Haare und trugen schäbige Stiefel, deren Spitzen vom langen Tragen hochgebogen waren. Nur besaß der Freund einen seidigen schwarzen Schnurrbart und hatte sich einfallen lassen, seine Augen mit einer schwarzen Linie zu umranden; ein Mann von rund zwanzig Jahren. Sie hatten sich über Stock-Car-Rennen unterhalten; der Freund war Mechaniker gewesen oder war es noch, ein Tuning-Spezialist, der sogar einmal selbst einen Rennwagen gehabt hatte. Maxine war damals nicht aufgetaucht. So ist sie, hatte der Mund unter dem schwarzen Schnurrbart erklärt, der von der starren Ausdruckslosigkeit des übrigen Gesichts irgendwie losgelöst war – bei ihr weiß man nie. Manchmal krieg ich sie tagelang nicht zu sehen. Aber sie wird es schaffen. Sie braucht nur jemanden, weißt du, der sich von ihr nichts gefallen laßt. Sie hatten jeder zwei Bier getrunken und Schallplatten von David Cassidy gehört – die spielt sie die halbe Nacht –, und der gesträubte Schnurrbart hatte ein Lächeln nachgezeichnet, das dem einer harmlosen Ratte glich.

In einem Geschäft, von dem seine Mutter vermutete, daß es die Waren führen würde, die seine Cousine gern besessen hätte, wurden ihnen sämtliche aus der Mode gekommenen populären Talismane der Liebe, des Friedens und der Meditation vorgelegt, die man sie in den vergangenen vier Jahren des Tumults und der Gewalt bereits hatte tragen sehen. Am Ende entschied sich seine Mutter für ein Kleid, einen langen Baumwollrock und ein Oberteil aus bedrucktem indischem Stoff. Da man von einer Woche zur nächsten nicht wußte, ob Maxine vollgestopft mit Doughnuts oder ausgemergelt wie ein *Vogue*-Model war – wenn auch leider nicht der Mode wegen –, ließ sich die Mutter zusichern, daß sie es umtauschen konnte, falls es nicht paßte. Sie fuhren zur Wohnung, und ihre Schritte hallten in der Stille, als sie die Feuerleiter zur Wohnungstür hochkletterten. Um zehn Uhr morgens waren dahinter die Geräusche einer in vollem Gang befindlichen Party zu hören, aber als die Tür von einer jungen schwarzen Frau mit weißen kniehohen Kunststoffstiefeln und Zigeunerohrringen geöffnet wurde, stellte sich heraus, daß sie allein in der Wohnung war und das Radio auf einen kommerziellen afrikanischen Sender eingestellt hatte. Wie bei vielen Dienstboten war ihr Verhalten gegenüber Weißen von der Persönlichkeit der Weißen geprägt, bei der sie angestellt war. Ihr Lächeln war Maxines breites, überlegenes, undiszipliniertes Lächeln. Wie Maxine stand sie auf du und du mit einer Welt, in der sie keinen Platz für sich selbst finden konnte, und sagte, wenn sie von

ihrer Arbeitgeberin sprach, schlicht »Maxine«. Ach, da wird Maxine aber traurig sein, so traurig. Ist grade ausgegangen. Zu mir sagt sie, Dora, du bleibst doch, bis ich zurück bin, nicht wahr. Sie hat mich diese Woche nicht bezahlt und ist zu einem Freund gegangen, mein Geld holen, glaube ich. Ach, da wird sie aber traurig sein.
Die Augen seiner Mutter schweiften prüfend durch das eine Zimmer: das Bett ein Schaumstoffblock auf dem Fußboden, Vorhänge an einer Schnur, Pfauenfedern in einer Vase, kaputte Koffer, ein zerschlagener Spiegel, aber vor allem ein Vogel in einem weißen tunesischen Käfig – ein altmodischer Kanarienvogel, der gegen das Radio ansang.
Sie kümmern sich um Fräulein Maxine?
Ja, sie ist ein braves Mädchen. Wissen Sie das? Sie ist sehr gut zu mir, Maxine. Ich komme jede Woche zum Waschen, und wenn sie, Sie wissen schon, wenn sie sich wohl fühlt, sagt sie zu mir: Dora, komm, laß uns feiern. Sie müßten uns mal tanzen sehen! Maxine legt die Platten auf, und wir tanzen – doch, ganz bestimmt!
So ist es recht, Sie kümmern sich gut um Fräulein Maxine.
Ein Geldschein wurde lässig in die anmutige schwarze Hand mit den leuchtend grün lackierten, abgebrochenen Fingernägeln gedrückt.
Sie nahmen das Paket mit dem bedruckten indischen Kleid wieder mit. Schließlich galt es zu klären, ob man es umtauschen mußte, und darum war es besser, an einem anderen Tag noch einmal bei

Maxine vorbeizuschauen. Sie hatten sich bemüht; sie hatten getan, was sie konnten. Seine Mutter wollte beim Friseur abgesetzt werden; er fuhr noch eine Weile herum und machte eigene Besorgungen. Er wurde in der darauffolgenden Woche im Internat zurückerwartet und mußte unbedingt das eine oder andere Surrogat für zu Hause, für die Freiheit, für elterliche Zuneigung mitnehmen – neue Kassetten, eine blaue Glühbirne, um in seinem Alkoven für schummrige Beleuchtung zu sorgen. Er sah sich im Supermarkt um, versuchte das Wesen seiner Bedürfnisse zu ergründen, indem er Objekte ausfindig machte, die Erfüllung versprachen: Warum nicht? Ein paar von diesen Einmalfeuerzeugen in schönen Farben, Lila und Hellgrün.

Er fuhr langsam seine eigene Straße entlang, hochzufrieden mit den Einkäufen neben ihm. Da wurde er auf einmal Maxines ansichtig, die hastig, humpelnd vor ihm auf das Haus zueilte. An ihrer Gangart – sie wußte, wohin, hatte diesmal ein Ziel –, an der Art, wie sie das Gartentor aufstieß und durch die Hintertür hineinging, wie es die Kinder der gesamten Nachbarschaft früher immer getan hatten, erkannte er sogleich, daß Maxine gekommen war, ihr Geburtstagsgeschenk in Empfang zu nehmen. Er bremste, um sie das Haus erreichen zu lassen, ihr die Entdeckung dieses erbärmlichen Eifers, dieser Aufregung zu ersparen, mit denen seine Augen sie nicht beschämen wollten, genau wie sie sich instinktiv nie auf ihre Handgelenke richteten. Sie mußte aufgebrochen sein, sofort nachdem sie in die Wohnung zurückgekehrt war und das schwarze Mädchen ihr erzählt hatte, daß ihre Tante und ihr Cousin mit einem Paket dagewesen waren. Er bog am Tor nicht ein, sondern fuhr noch einmal langsam um den Block. Als er endlich das Haus betrat, fand er die alte Köchin Lola glücklich und außer Fassung vor, damit beschäftigt, zum Tee pikantes Gebäck mit Käse zu belegen. Er kannte die Art von Begrüßung, die Max ihr jedesmal zukommen ließ: Sie versuchte mit dünnen Armen Lolas enorme Taille zu umfangen, schmiegte sich an ihren großen, respektabel ungeteilten Busen und küßte die glatten, unschuldig alterslosen, dicken Wangen, als hätte sie nie gelernt, was Lola wußte: daß weiße Kinder ihre alte Lola nicht küssen.

Weißt du, wer da ist? Und sie hat Hunger, Hunger!

Er nahm das Teetablett, klemmte das Geburtstagsgeschenk darunter und trug beides ins Wohnzimmer, wo sie wie erwartet saß, mit der Selbstsicherheit einer Kinodiva in einem dieser alten Filme, die er und seine Freunde liebten – auf der Rückenlehne des Sofas, den in einen abgewetzten erbsengrünen Schuh mit Plateausohle gezwängten Fuß angewinkelt; das gefärbte Schaffell ihres Haupthaars wie eine Krone auf dem Kopf: eine Erscheinung, interessant gemacht durch Rauch und ein besonders intensives Parfüm.

Sie war wirklich sehr dünn. Die Knochen ihrer Hand schoben sich in seiner Hand so eng zusammen wie die Lamellen eines Fächers. Er gab ihr einen Geburtstagskuß, den sie mit wiegendem Oberkörper lachend in eine Umarmung verwandelte. Sieh her, sagte er und schwenkte das Paket, wir wollten dich heute morgen besuchen, aber du warst nicht da, hast anderswo gefeiert?

Ach, Patty, wie toll, was ist da drin, was ist es – Ihre bebende Hand harkte pikantes Gebäck mit Käse zusammen und stopfte es in ihren Mund – Mmmm – weich ... fühlt sich richtig weich an, aber schön groß – ich liebe große Geschenke, hmmm ... Sie schüttelte das Paket, hielt es sich ans Ohr, um das Seidenpapier im Innern knistern zu hören. Dann sammelte sie mit energischer blasser Zungenspitze rund um ihre Lippen die Gebäckkrumen ein, riß das Papier auf und zerrte das Kleid hervor.

Das Überreichen von Geschenken war eine Verantwortung, die ihn einschüchterte. Wenn es dir nicht gefällt, brauchst du es nur zu sagen. Sie haben im Geschäft versprochen, daß du es umtauschen und was anderes nehmen kannst.

Aber nein, ich bin verrückt danach! Sie hielt den Rock an ihre pflaumenblaue Samthose, die vorn am Reißverschluß eingerissen und mit rosa Faden geflickt war. Es ist göttlich! Bist du nicht auch verrückt danach, Patrick?

Wenn ihre Freude aufgesetzt war, besaß sie die Gabe, die verführerische Gabe, andere in ihre Phantasien hineinzuziehen. Anstelle ihrer korpulenten Freundin wackelte nun er mit dem Kopf und lachte mit ihr.

Sie zog an der Zigarette, die sie am Tischrand abgelegt hatte, schaufelte noch mehr Zucker in ihren Tee und nahm, ohne den Löffel aus der Tasse zu entfernen, einen Schluck. Ich kann diese muffige alte Hose nicht ausstehen. Sie ist eigentlich für den Winter gedacht, aber ich hatte nicht die Kohle, mir Sommersachen zu besorgen. Ich werde es gleich anziehen. Nicht eine Sekunde werde ich damit warten. Und während sie noch plaudernd auf der Sofalehne saß, quälte sie sich aus ihren Schuhen und ließ sie wie losgeklopfte Felsbrocken ein Stück weit wegrollen. Sie kämpfte mit der selbstvergessenen Konzentration eines jungen Schimpansen, der zwischen seinen Beinen Flöhe fängt, mit dem kaputten Reißverschluß der Hose. Ihre Füße, die nackt und flach auf dem Teppich standen, krümmten sich. Sie preßte die Schenkel zusammen, um die Hose herunterzuziehen, ohne die notdürftige Naht platzen zu lassen, und dann streifte sie sie ab, indem sie erst auf einem, dann auf dem anderen Fuß hüpfte. Darunter war sie nackt. Er sah es, sobald beim Ausziehen das hellbraune Schamhaar im V des geöffneten Hosenschlitzes auftauchte. Sie hob die gekreuzten Arme und riß sich mit einer heftigen Bewegung das T-Shirt vom Leib; zwei braune, innen dunkle Kreise wurden mit hochgezogen und sanken danach wieder hilflos herab. Sie war nackt. Die Vorhänge am großen Fenster waren nicht vorgezogen, und es hätte jeden Augenblick jemand vorbeikommen können. Selbst vom Garten aus hätte man sie sehen können – es war der Tag, an dem der Gärtner kam (Donnerstag), und er hätte mit seiner Wollmütze, die er sommers und winters aufhatte, mit zum Gruß aus dem Mund genommener Pfeife vorbeikommen können.

Der Junge dachte als erstes an das Fenster. Und an die Wohnzimmertür. Da konnte jeder hereinkommen: Lola, die arme alte Lola, um das Teetablett zu holen. Nackt, das bedeutete für ihn erst einmal nur das unverhängte, durchsichtige Fenster, die halboffene Tür. Er wollte aufstehen, die Vorhänge zuziehen, doch ihre Gegenwart hielt ihn davon ab: die Vorstellung, daß sie in unschuldiger Nacktheit in Gelächter ausbrechen könnte, die Erinnerung daran, wie sie ihn an der Hand genommen und zu dem Schrank geführt hatte, in dem die Campingausrüstung verstaut war, wie sie ihm direkt ins Gesicht gesehen und mit lautem Flüstern zu ihm gesagt hatte: Spielen wir Gießkännchen anfassen. Ja? Wollen wir? – Du hast doch wohl keine Angst?

Sie stand nackt da und öffnete mit einer Sorgfalt und Konzentration die kleinen Knöpfe und Schlaufen auf der Rückseite der gefältelten Bluse, die sich wie der Anlaß des ersten Anziehens in dieser Form nie mehr wiederholen würden. Ihre Waden waren mit schwachen Sommersprossen übersät und haarlos. Beine, stellte er fest, sahen im Verhältnis zu ihrem unbekleideten Körper völlig anders aus als sonst – schon der kleinste Bikini hob den Zusammenhalt des Körpers auf.

Er hatte noch nie eine nackte Frau gesehen.

Er hatte es mit einem Mädchen getrieben – einmal, zweimal, wenn man das Mal auf dem Autorücksitz mitzählte, in Gegenwart der anderen Jungs, aber beide Male im Dunkeln. Und Fotos waren nicht das gleiche, überhaupt nicht. Das konnte er sehen. Früher einmal mußten die Kinder ihre Mutter gesehen haben, aber er konnte sich höchstens an das Gefühl und den Geruch erinnern; eine visuelle Erinnerung gab es nicht. Die Mutter hatte offenbar in einem Buch gelesen, wie frühzeitig einem kleinen Jungen visuelle ödipale Anreize vorenthalten werden mußten.

Er betrachtete konzentriert den Körper, während sie konzentriert mit den Knöpfen hantierte. Obwohl es ihr Körper war, den er betrachtete, war er wie abgeschnitten von jeglicher Kommunikation mit ihr, Maxine, und sie von ihm, Patrick. Die Schenkel entsprachen seinen Erwartungen, rund und in weiblich offenem Winkel von dem weichen Haar ausgehend, das sich (beim Sitzen mit verschränkten Beinen, nahm er an) zu einer Art Tolle über der Stelle zusammengepreßt hatte, wo sich der eigentliche Spalt befinden mußte. Über diesem Fundament einer Frau, das sich wie ein Briefbeschwerer nicht umkippen läßt, nicht einmal bei einem dünnen Mädchen, über den zwei Rundungen des Pos und der Masse der Schenkel, war nicht das, womit er gerechnet hatte. Die Haut am Unterbauch war farblos und trist, gezeichnet von welligen, glänzenden Bruchstellen im Gewebe, die beinahe wie Blasen aussahen.

Auf einer Hüfte war ein blauer Fleck, und die fahle Gänsehaut des Hinterns erinnerte sich weit – Wochen? Tage? – an andere Stöße zurück. Einige waren gelb, vom geheilten Fleisch schon fast wieder vergessen, andere beschäftigten noch als dunkle Prellungen mit geplatzten Äderchen die Membranen. Die geschäftig zuckenden Schulterblätter waren hier und da schwach vernarbt – Tätowierungen, die Akne oder ein anderer gefräßiger Angreifer hinterlassen hatten, ohne daß der Schaden je wieder behoben werden konnte. Das Zwerchfell hob und senkte sich zwischen Rippen, die wie knochige Finger in einem hellen Lederhandschuh hervorstaken. Die Brüste waren so gut wie nicht vorhanden: Sie waren auf die Größe der großen, runden, dunkel genoppten Höfe geschrumpft, in deren Zentrum die rotbraunen Brustwarzen wie Pupillen saßen, die ihn anstarrten – Na? Na?

Sie selbst blickte nun auch auf – sie war mit den Knöpfen fertig –, und er wußte nichts zu sagen. Ihre Augen im bemalten Gesicht, dem hübschen Gesicht einer Neunzehnjährigen, das unter dem Verputz, mit dem sie es bewarf, nach wie vor Bestand hatte, waren auf ihn gerichtet, und die beiden grotesken Augen ihres Leibes starrten ihn an, alles gleichzeitig. Er sah die Einstiche in ihren bleichen Armbeugen und sah nun endlich auch die Nähte, da wo der Arzt ihre Handgelenke zusammengeflickt hatte wie sie ihre Samthose.

Sie begegnete seinem Blick ruhig, ohne Herausforderung, so als gehöre jenes andere Paar geschwärzter, geschlagener, ausgebrannter Augen auf ihrem Leib einem Freund, einem von denen, die alle für schlechte Gesellschaft hielten, zu denen sie sich jedoch in schlimmen Zeiten bekannt, denen sie beigestanden hatte. Sie schämte sich nicht für das, was sie selbst sich angetan hatte; im gleichen Sinne, in dem sie, gerade weil sie solche Angst hatte, ein Leben führte, das zu führen anderen zu gefährlich gewesen wäre.

Binnen weniger Sekunden war es vorbei mit der Nacktheit. Sie existierte nicht mehr. Der Baumwollrock und die gefältelte Bluse nahmen ihre Stelle ein, mit aller geheimnisvollen Autorität, das war ihm jetzt klar, die Kleidung saß. Der schamlose Lockenkopf, den bis dahin der Umstand ihrer Nacktheit zum Verschwinden gebracht hatte, saß auf einmal wieder auf seinem vertrauten Unterbau.

Was er zum ersten Mal gesehen hatte, war frauliche Nacktheit, waren sämtliche Stadien der Veränderung und des Alterns, des Mißbrauchs und der Zermürbung durch Schmerz, durch liebevollen und lieblosen Umgang, wie er sie zu sehen bekommen würde, solange er lebte und Frauen kannte. Was er empfand, war tiefe, unverhohlene Ehrfurcht angesichts des Wissens um ihre Schönheit und deren Verfall.

Als Maxine gegangen war, rannte er schnell auf sein Zimmer und beobachtete sie vom Fenster aus, seine Cousine, ein Mädchen im Baumwollkleid, das die Straße entlangging, und er dachte: Wer weiß, vielleicht sehe ich sie zum letzten Mal.

Die Zeit entscheidet

Du sagtest: »… und ich stehe derzeit zwischen zwei Frauen.«
Was genau hatte diese Bemerkung ausgelöst, auf die ich schon so lange wartete, daß ich fast nicht mehr damit gerechnet hatte, daß sie je fallen würde, und mit der du dir so viel Zeit gelassen hast, wie du wolltest? Es ist mir sehr schwergefallen, zu rekonstruieren, was genau gesagt wurde – angefangen natürlich bei mir, denn ich bin immer die erste, die nach dem Liebesakt das Wort ergreift. Was wurde in dem Augenblick gesagt, als es mir unter der Decke zu warm wurde, als mich beim Anblick deines schlaffen Mundes (warst du eingeschlafen oder hast du nur so getan?), deiner Stirn ein physisches Unbehagen überfiel, das mich zum Sprechen veranlaßte? Sag doch was. Wie oft ist es vorgekommen, daß ich vor dir aus der Sphäre ohne Worte auftauche. Es muß um Arbeit gegangen sein – um die Zukunft der Arbeit, denn sie ist die einzige Zukunft, zu der wir uns je bekannt haben. Unsere gemeinsame Zukunft war immer die Gegenwart. Ich muß wohl gesagt – gefragt – haben, ja, das ist es, ob du (nun, da wir beide nicht mehr ganz jung waren) je daran gedacht hättest, die Stellung zu wechseln, über die wir so

lange debattiert hatten. Und da du schlafen wolltest, antwortetest du auf eine Art, die keine Abkehr vom wohlbekannten Pro und Kontra erkennen ließ. Und dann gab es eine Ablenkung, einen Wortwechsel zwischen uns, der sich darauf bezog, wie erfolgreich oder erfolglos du in dieser Stellung warst. Du hast darauf beharrt, du hättest in deinem Beruf noch nicht alles erreicht. Ich entgegnete, daß du das ja wohl auch nicht gewollt hast, oder? Du hättest ihn als eine Art Nebenbeschäftigung angesehen, im Kopf die andere, private Arbeit, die du zu Hause leistetest. Du seist im Lauf der Jahre immer wieder befördert worden, hättest solche Anerkennung aber nicht zu schätzen gewußt. Du hättest deine Sache gut gemacht, aber ohne mit dem Herzen dabeizusein. Und immer hättest du auf die Gelegenheit gewartet, deinen Job aufzugeben und dich ganz deiner Berufung zu widmen. Alles in allem hättest du es so weit gebracht, wie du wolltest, aber du hättest dich dem beruflichen Erfolg eben nicht ganz verschreiben wollen.

Ja – da warst du wach, die Lider gesenkt, als würdest du deine eigenen Wangen begutachten, während ich erst ein Auge, dann das andere zukniff, um festzustellen, wie dein Profil aus dieser einseitigen Perspektive aussieht, und du stimmtest mir teilweise zu. Aber du warst dir gegenüber kritischer, schrecktest nicht davor zurück, deine natürliche Skepsis auf dich selbst anzuwenden. Du lastetest dir insgeheim an, daß auch nach zwanzig Jahren noch die Berufung hinter dem Job zurückstehen mußte. Ich merkte es an dem selbstvergessenen, mißmutigen Zug um deine Lippen. Ich bin es, die dir vor Jahren Camus vorgehalten hat: *Was immer dich davon abhält, deine Arbeit zu tun, ist deine Arbeit geworden.* Bruchstücke alter Scheinbegründungen wurden hervorgeholt, erst von mir, dann von dir: die Rezession, die es als Wahnsinn erscheinen ließ, ausgerechnet 1974 eine Stellung mit guten Sozialleistungen aufzugeben; die Tatsache, daß deine bekannten linksradikalen Neigungen zu einer Zeit, als ein deutlicher Umschwung nach rechts stattfand, einen Wechsel erschwert hätten. Und dann bemerkte ich – oder warst du es? –, daß man sich über bestimmte Entscheidungen zwar immer den Kopf zerbricht, sie aber nicht wirklich trifft: Die Zeit trifft sie. Die Zeit entscheidet, sagte ich. Sieh uns an. Darauf sagtest du: »Also, ich weiß nicht. Ich war ein Feigling. In bezug auf die Arbeit. Und uns. Es gab eine Zeit... Ich weiß auch nicht. Das Richtige tun hätte bedeutet, daß ich mich dazu durchringe, dich zu heiraten. Glaube ich manchmal.« O Gott, Heirat... Wenigstens haben wir in dieser Beziehung keinen Unfrieden gestiftet, sagte ich. Die beiden Mädchen hatten ihr Zuhause und ihre Eltern. Wir lagen nebeneinander, so daß meine Lippen mit deinen Brusthaaren in Berührung kamen, und du hattest mir die Hand auf die Schulter gelegt. Wir waren wie zwei Katzen, die nach einer genußvollen Rangelei in der Haltung verharren, in der sie sich zuletzt umschlungen hatten. Du sagtest kaltschnäuzig – du bist streng mit dir selbst: »Ich bin darauf nicht gerade stolz.«

Das war das Stichwort. Genau da war es dir auf einmal möglich, weiterzusprechen: »Mein Leben ... ich weiß nicht, es ist ein Mißerfolg ... und ich stehe derzeit zwischen zwei Frauen.«
Ich hatte dicht neben dir gelegen, hatte an der Küste deines entspannten Körpers geruht. Mir war, als wären wir ein Körper. Die Anstrengung, die uns atmen läßt, war die deine. Mir war nicht klar gewesen, daß du darum ringen mußtest, endlich den Augenblick zu finden, in dem du dies zu mir sagen konntest. Viele Male (hast du mir später anvertraut) hast du gedacht: jetzt. Aber die Worte wollten nicht kommen. Eine Entscheidung wie diese konnte nicht in die Tat umgesetzt werden, sobald ich zugegen war. Wie wir gesagt hatten: Am Ende tut die Zeit, was zu tun ist. Es war ganz leicht. Dein Mund öffnete sich wie von selbst und sagte etwas zu mir, das deshalb ausgesprochen werden konnte, weil es mich nicht länger betraf. Es war etwas, das dir passierte. Die Zeit ist gekommen, in der dir etwas passieren kann, ohne daß es mir passiert.
Und während du sprachst, verwandeltest du dich in einen anderen. Ich? Ich wäre nie darauf gekommen, wie es sein würde. Ich war gepackt – lähmend gepackt – von konzentrierter Neugier. Ich wußte nicht, daß dies Bedürfnis ein so entsetzliches Verlangen sein konnte. Mein Leben hing davon ab, daß du weitersprachst. Ich blieb in deinen Armen liegen. Ich zeichnete mit dem Zeigefinger kurze, regelmäßige, abwärts gerichtete Striche auf deine Brust, wie wenn man beim Ausfüllen eines Schecks oder mit-

ten in einer entscheidenden Diskussion innehält, um flächendeckend die Kritzeleien auf einem Notizblock auszustreichen.

Du erzähltest mir von ihnen. Als du damit fertig warst, sagte ich nichts, um dir zu bedeuten, daß du unbedingt weitersprechen mußtest. Die eine ist eine Kollegin von dir auf der Arbeit. Ich nenne sie in Gedanken die Blonde – ich frage dich nicht, wie sie aussehen, ziehe es vor, sie mir vorzustellen, dir wie ein Zuhälter schöne junge Frauen zuzuführen. Immerhin aber fragte ich: wie alt? Zweiunddreißig, vielleicht auch dreiunddreißig.

Du bist kein sentimentaler Mann, der einzige Mensch in meinem Bekanntenkreis, der nicht nur Geburtstage, sondern auch Weihnachten und das unausweichliche emotionale Ereignis des neuen Kalenderjahrs ignoriert. Wie es der Zufall will, ist die andere Frau jedoch Teil eines Paars, das deine Ehefrau am Neujahrstag zum Lunch eingeladen hat. Du warst den beiden schon ein paarmal begegnet, in den Häusern anderer Leute. Deine Ehefrau genießt den gesellschaftlichen Status, den ein relativ angesehener Ehemann ihr gibt – ein unschuldiges Vergnügen, das wir ihr immer gern gelassen haben. Du wußtest, daß die Betreffende »etwas empfindet«. Ich stelle mir vor, daß es passierte, als du in ihrer Gegenwart im selbstkritischen, humorvoll vertraulichen Tonfall, wie er unter Freunden herrscht, Anekdoten erzählt hast, als sich aus dem Wirrwarr politischer Diskussion deine hellsichtige Überlegenheit herauskristiallisierte. Sie hat langes, dunkles Haar –

anders kann es nicht sein, denn ihre Nationalität schließt jede andere Farbe und so gut wie jede andere Frisur aus. Beim Lunch zum Neujahrstag hat deine Ehefrau sie auf die rechte Seite des Gastgebers gesetzt. »Ich habe unter der Tischdecke ihre Hand gehalten«, verrietst du mir, legtest dein Kinn in Falten und wandtest den Kopf, um auf mich herabzublicken, die ich an deiner Brust lag, zum ersten Mal, seit du die Augen aufgeschlagen hattest. Es war ein leicht komisch bestürzter Blick. Ich kenne dich so gut; du kannst mit meinem Verständnis rechnen.

So fing es mit ihr an. Inzwischen sind acht Monate vergangen. Es ist nicht leicht, sie zu treffen. Die Mutter ihres Ehemanns lebt mit im Haus und will immer wissen, wo die junge Frau ihres Sohnes hingeht. Sie ist erst fünfundzwanzig. Richtig jung, gabst du zu, als ginge es um ein Geschenk, das du nicht verlangt, aber dennoch angenommen hast – und schön ist sie obendrein. Nun ja (Präzision ist eine deiner Schutzmaßnahmen gegen Illusionen): weniger schön als sehr – sagen wir einmal – verführerisch. Eine junge Frau, die sich auf außerordentliche Art von ihrem Verlangen überwältigen läßt. Dabei würde man denken, wenn man den Ehemann sieht – der Ehemann ist auch sehr jung und gutaussehend. Recht intelligent. Du warst hilflos: »Sic sagt, sic muß aufhörcn, sich mit mir zu treffen, und eine Woche später sitzt sie da und wartet auf mich in dem Lokal, in dem ich immer einen Happen zu Mittag esse – wir gehen jedesmal schnurstracks in ein Hotel.«

Aber es ist die Blonde, die es notwendig gemacht hat, zu sprechen. Das war mir sogleich klar. Sie hat ein Kind, das sie nicht aufgeben kann. Du wußtest nicht, wie alt – fünf, sechs? Ich schließe daraus, daß du es gesehen hast und ihm gegenüber Feindseligkeit empfindest. Sie ist die Tochter einer Frau, die im Konzentrationslager unter einem Haufen Toter hervorgekrochen ist. Ihr Vater wurde vor einem Jahr umgebracht, als sich politisch motivierte Gewalttäter zu Banden zusammengeschlossen und begonnen hatten, Botschaftsbeamte aus Ländern niederzuschießen, deren Verbindung mit ihrem uns, die wir in der Zeitung davon lesen, nicht ohne weiteres einsichtig ist. Er starb auf der Straße, um die Mittagszeit in einer europäischen Hauptstadt. Ich kann mich zwar an manche Einzelheiten so deutlich erinnern, daß ich sie vor Gericht beschwören könnte, aber es muß auch Momente gegeben haben, in denen unsere unglaublicherweise unveränderte Position – unsere Beine ineinander verschlungen, dein Arm unter meinem Kopf – sich heftig zwischen meine Aufmerksamkeit und deine Stimme geschoben hat. Du erzähltest mit der distanzierten Lust am Dramatischen, die deine Geschichten immer bemerkenswert gemacht hat. Du warst regelrecht hingerissen von all dem Bösen, das die Blonde hatte überstehen müssen, ehe sie dir begegnen durfte. Sie liebt ihren Mann nicht, lebt mit ihm bereits in dem Schweigen, das in Ehen herrscht, wenn die Menschen alt werden. Das Kind klammert sich an sie. Wie es scheint, sprichst du mit ihr über die Zukunft.

Du hast zu ihr gesagt (sagst du mir): »Wie willst du es schaffen, so weiterzuleben?« – Das heißt natürlich, daß ihr daliegt und gemeinsam von einem anderen Leben träumt. – Und sie hat zu dir gesagt: »Ich bin eine von Millionen.«
Sie zieht Katastrophen magisch an. Das sehe ich, obwohl ich sie nie zu Gesicht bekommen werde. Sie hat die grauenhaften Narben der Überlebenden. Wie ihre Mutter. Sie will nicht mit dir in ein Hotel gehen. Das hast du mir auf deine direkte Art mitgeteilt. Ich weiß nicht, was für einen anderen Ort du ausfindig machst, um mit ihr zusammenzusein.
Obwohl wir uns nach wie vor in den Armen lagen, hatte ich – wie schnell man sich in das Unausweichliche fügt – instinktiv angefangen, die winzige braune Brustwarze zu meiden, die sich unter dem Haar auf deiner Brust verbirgt. Meine Hand wußte bereits, daß sie nie mehr nach dir tasten würde. Die Position, in der wir dalagen, gehörte bereits der Vergangenheit an.

Ich sagte zu dir:
Ich hab's gewußt.
Ich zähle nach, wie viele Gelegenheiten du hast verstreichen lassen, ohne es mir zu sagen. Ich wußte, daß du in Gedanken bei einer anderen Frau bist. Beziehungsweise anderen Frauen. In der Zeit der großen Geständnisse am Anfang unserer Beziehung, als zwischen uns eine Intimität herrschte, die der vertraute Umgang (zum Beispiel in einer Ehe) paradoxerweise aufhebt, haben wir uns auch über

Frauen unterhalten. Deine Fähigkeit, an sie heranzukommen, sie zu verführen und zu lieben, wurde zwischen uns besprochen wie ein Talent. Du hast das Bedürfnis, jede Frau zu lieben, die du begehrenswert findest. Wie viele Männer haben die Energie, das zu empfinden, oder die Ehrlichkeit, es zuzugeben? Du findest sehr viele Frauen begehrenswert – Frauen aller Nationalitäten und Rassen, eine ganze Farbpalette. Deine Freude an der Mannigfaltigkeit meines Geschlechts imponierte mir. Wie viele Männer lieben Frauen wirklich? Ohne geheimen Groll, Mitleid oder gar Abscheu? Wer bewundert uns, spürt jeden geringfügigen physischen Unterschied auf, nicht nur zwischen Mann und Frau, sondern von einer Frau zur nächsten, eine unverzichtbare Erfahrung? Und du hast soviel Freude an mir gehabt, Freude daran, mir Freude zu schenken. Daran bestand nie ein Zweifel, obwohl du es (typischerweise) fertiggebracht hast, mir zu erzählen, daß dir manchmal, direkt nachdem du mich körperlich und geistig befriedigt hattest, an der Bushaltestelle oder in deiner Nähe im U-Bahnabteil eine Frau ins Auge gestochen war, die dir einen Verzicht abverlangte. Ich habe gelacht und dich geküßt, wenn du mir so etwas erzähltest. War ich nicht diejenige, nach der dich am meisten verlangte? Was hätte ich mir sonst wünschen können? Zum ersten und einzigen Mal in meinem Leben war ich frei – frei genug von engstirnigem Besitzdenken, um zu begreifen: Es kam auf die anderen Frauen nicht an.

Es kam nicht auf sie an, solange es auf mich ankam.

Wenn ich sage, ich hätte es gewußt, meine ich, daß mir längst aufgefallen war, was du unterlassen hast: Du gingst auf der Straße nicht mehr neben mir. Ganz unbewußt bist du entweder vorausgeeilt oder zurückgeblieben, um in ein Schaufenster zu blicken oder eine Zeitung zu kaufen, als wärst du allein. Manchmal schautest du verständnislos, wenn ich Pläne ansprach, von denen ich dir erzählt, Diskussionen, von denen ich dir berichtet hatte; du hattest sie gehört, ohne zuzuhören. Wir waren noch zusammen, aber du warst in Gedanken nicht immer bei mir. Auch ich wollte das Wort ergreifen. Ich wollte sagen: Nimm dir alle Frauen, derer du habhaft werden kannst; ich habe dich. Fühle dich mir gegenüber nicht schuldig. Manchmal versuchte ich auch, dem zuvorzukommen, was du meiner Überzeugung nach zu mir sagen wolltest, indem ich es sozusagen umkehrte. So sagte ich einmal in einem Restaurant, in das keiner von uns mit einem anderen gegangen wäre: Eines Tages muß dies hier ein Ende nehmen, und ich werde diejenige sein, die Schluß macht.
Dein Gesicht wirkte sehr groß, wie bloßgelegt. Ich hatte dich erstarren lassen, dort zwischen den alten, fleckig silbernen Spiegeln, den erlesenen Essensdüften. Andere Paare wie wir schoben ihre Ellbogen auf den Tischen näher zusammen, warfen ziellose Blicke in die Runde dieses Lokals, das Zeuge ihres Zusammenseins war, und tauschten über ihre Fingerspitzen Zärtlichkeiten aus, wenn sie sich das Brot oder die Sauciere reichten. Ich sagte: Komm schon. Was ist?

Du hattest zu essen aufgehört.
Du sagtest: »Du hast mir soeben mitgeteilt, daß du mich verlassen wirst.«
Und dann machte ich die unvermeidlichen Rückzieher, wich zurück, immer weiter zurück, begann Erklärungen abzugeben, die wir beide akzeptierten. Wir fingen wieder an, Wein zu trinken und zu essen, beruhigend, rührend, und wichen vor dem zurück, was uns angst machte, vor dem entsetzlichen Ausweg, den ich dir angeboten hatte: meinen Kopf auf einem Tablett, zusammen mit dem Fasan und den vier verschiedenen Soßen. Jetzt verstehe ich, was geschehen war. Du zeigtest alle Symptome eines extremen Schocks, nicht weil du Angst hattest, ich könnte dich verlassen, sondern weil du Angst hattest vor der plötzlich sich auftuenden Gelegenheit, mir zu sagen, was du sagen wolltest. Was die Machtverhältnisse angeht (deren politischen, nicht persönlichen Charakter wir oft diskutiert haben), hast du deine Chance nicht genutzt, und es entstand ein Vakuum zwischen uns.
Ich erinnere mich noch an andere Dinge. Ich stelle fest, daß du mir zwar nicht offiziell von den beiden Frauen erzählt hast, die nicht wissen, daß die jeweils andere für dich existiert, aber andererseits nicht widerstehen konntest, beiläufig, nebenbei auf sie zu verweisen. Es ist wohlbekannt, daß man, wenn man stark mit jemandem beschäftigt, wenn man auf jemanden fixiert ist, den Betreffenden zwangsläufig ins Gespräch bringt. Ich bin sicher, du erinnerst dich nicht, wirst es möglicherweise leugnen – du hast die

Blonde auf der Arbeit erwähnt, wenn sie dich wieder einmal auf einen Fehler hingewiesen oder sich intelligent oder ironisch über die Schrullen eines Kollegen geäußert hatte. »Wir haben bei uns ein cleveres Mädchen, nein, eine Frau, sollte ich sagen, und ihr ist aufgefallen, daß es dem alten T. heutzutage offenbar nicht mehr zuzutrauen ist, korrekte Arbeit zu leisten.« Während du dies sagtest, dachtest du an die Verabredung, die du mit ihr für den Nachmittag getroffen hattest. Du erlaubtest dir den Genuß geheimer Vorfreude, indem du einen Dritten – mich – auf ihre Existenz aufmerksam machtest. Die andere – die anmutige, junge Dunkelhaarige – stelle ich mir sehr dunkel vor. Als du das Familienfest beschriebst, das wir grundsätzlich getrennt verbringen müssen, erzähltest du, daß bei diesem Lunch zum neuen Jahr dein Schwager sich in Gegenwart der jungen Frau im exotischen Gewand – afrikanische oder orientalische Kleidung war der letzte Schrei – ungewohnt lebhaft benommen, ja sogar versucht habe, geistreich zu sein. Deine Frau mußte ihre Schwester trösten, die der Wein eifersüchtig gemacht hatte. Ich wußte also auch von ihr; du hattest mir von ihr erzählt, ich hätte es nur begreifen müssen.
Ich hab's gewußt.
Es gab noch viele Dinge, die du mir vielleicht mitgeteilt hast, die ich jedoch nicht hören wollte. Einmal sagtest du – im Aufzug zwischen sechstem Stock und Erdgeschoß – und sahst mich dabei an, als hätte ich dich nach deiner Meinung über ein Objekt gefragt, das ich gekauft hatte: »Du hast zuviel Grün

um die Augen.« Ich wischte sofort daran herum, so peinlich berührt, als wäre ich mit einem beschämenden Schweißfleck auf der Kleidung ausgegangen. Ich begutachtete mich in den Schaufenstern, während wir die Straße entlanghasteten, fragte wiederholt, ob es jetzt weg sei. Aber du warst nicht bereit, mich noch einmal anzusehen. Du bejahtest, blicktest konzentriert geradeaus, warst vielleicht auch peinlich berührt, mich auf etwas aufmerksam gemacht zu haben, das ich derart ernst nahm, bloß weil es von dir kam.

Ich weiß, meine Haut hat sich verändert. Im Sonnenschein der Straße betont die Schminke weder die Konturen noch die Farben, die vorhanden sind, sie übertüncht ein Gesicht, das nicht mehr existiert. Mein wahres Gesicht steckt darunter und ist nicht zu übersehen, die Haut unzählige Male von der immer gleichen Konzentration zusammengezogen, von Zögern und Entschlossenheit, Wut und Besorgnis, gedehnt von den immer gleichen Reaktionen, von Lebhaftigkeit, Zuneigung und Freude; dadurch hat sie jene Intensität des Ausdrucks gewonnen, die schlicht ein Charakteristikum des menschlichen Gesichts ist, nicht ein Charakteristikum des weiblichen Menschen. Ich bin noch nicht alt oder häßlich, du aber siehst in meinem sich verändernden Gesicht deinen eigenen Tod. Ich bin beweglicher und gelenkiger als du (wenn es uns hin und wieder gelungen ist, ein paar Tage zusammen zu verbringen, haben wir auf dem Fußboden eines Hotelzimmers morgens um die Wette Gymnastik gemacht). Du aber siehst in meinem erschlafften Hintern, den ich dir im Bad beim Duschen zuwende, in dem sonnenverbrannten Kehllappen, der sich zwischen meinem mageren Kiefer und meinem Hals spannt, jenes endgültige Erweichen des Fleisches, das auch dir als Mann eines Tages bevorsteht, deinen Tod als Liebhaber der Frauen.

Ein Jagdunfall

Sie traf ihren Fotografen im Kilimandscharo in Dar. Die neuen Missionare – Repräsentanten von FAO und UNESCO, Afrikakorrespondenten, Kunstgewerbler, skandinavische Dokumentarfilmer, als Wirtschaftswissenschaftler ausgebildete Söhne und Töchter verstorbener oder außer Landes gegangener Siedler, die den Theorien von Frantz Fanon und Louis Dumont anhingen – meinen mit Kilimandscharo das Hotel, nicht den Berg, und die einsilbige Ortsbezeichnung steht für Daressalam. Die junge Frau übernachtete auf dem Fußboden im Zimmer der Kinder einer Universitätsprofessorin, darum mußte sie darauf warten, daß er sie aufs Zimmer bat. Sie sah gleich, daß der Fotograf nicht schüchtern, vermutlich (sie selbst hatte noch nie von ihm gehört) recht bekannt und nicht an Frauen interessiert war. Es war die alte Geschichte; sie war es gewohnt, auf eine gewisse Art beachtet zu werden. Er saß mit seiner Pfeife und dem altmodischen Tabaksbeutel aus Wachstuch an der Bar, leicht zu finden, und er legte seine Notizhefte weniger deshalb beiseite, um sich mit ihr zu unterhalten, als um ihr eindringlich zuzuhören; nicht jedoch auf die besagte Art. Er wurde rasch zu ihrem unmittelbaren Ziel.

Sie wandte keine erkennbaren Listen an, und das war instinktiv klug von ihr, denn er sah, daß sie auf die üblichen taktischen Maßnahmen verzichtete, und sie sah, daß er nicht imstande sein würde, ihrer Ehrlichkeit zu widerstehen. Nachdem sie ihm voller Erregung und Empörung etwas erzählt hatte, dachte er lange Zeit nach. Dabei lächelte er sie an, preßte die Lippen zusammen, ließ in seinem feingeschnittenen gebräunten Gesicht durch die wachsende Intensität seines Ausdrucks feine Linien entstehen, wandte immer wieder die nachdenklichen grünen Augen zu Seitenblicken ab, so als lache er insgeheim vergnügt, bevor er antwortete: »Warum?« – »Sie etwa?« – »Na, ich weiß nicht.« Er würde es nicht übers Herz bringen, sie zurückzuweisen.
Wie aufregend es war, unter solchen Voraussetzungen empfangen zu werden! Im stickigen, mit Teppichboden ausgelegten Hotelzimmer öffnete er Fenster, die nicht dazu gedacht waren, geöffnet zu werden, und die heiße Nacht, in die sie ihren Arm hinausstreckte, war noch drückender. Sie waren sich einig, daß Samt, schaumstoffgepolsterte Sessel und dicke Matratzen ein Luxus für den Norden, aber eine Strafe für den Süden waren, und sie sprach von glatten Fliesen, die die Fußsohlen kühlten, von hohen Mauern mit eingelassenen Gittern, die die Meeresbrise einließen. Er strich ihr das verschwitzte Haar von den Wangen, und sie war es, die eine ausgiebige gemeinsame Dusche vorschlug, während er sich bereitwillig den süßen, alten Riten der Sinnlichkeit unterwarf.

Sie war es auch, die ihn in einem anderen afrikanischen Land mit Ratau bekanntmachte. Sie überlegte vorher, was die Leute wohl dazu sagen mochten, und nahm ihn dann einfach aus Tansania mit. Sie dachte sich aus, was sie zu Ratau sagen wollte: Clive Nellen war in Dar, und er wollte so gern dieses Land fotografieren, nachdem ich ihm so viel davon erzählt hatte. Beides entsprach teilweise den Tatsachen. Sie hatte ihm von dem Land erzählt, in dem sie als Tochter des Erziehungsministers der Kolonialregierung geboren war, von dem Angebot, jederzeit vorbeizukommen und beim jüngsten Sohn des Oberhäuptlings, der ein alter Freund ihres Vaters war, zu übernachten. Sie hatte ihm von der terracottafarbenen und flaschengrünen, aus roter Erde erbauten und von Christdornhecken umgebenen Stadt erzählt, in der sich das Haus befand; von dem großen Baum in der Nähe des Hauses, wo sich nach wie vor jeden Tag der Stammesrat versammelte, um Streitfälle zwischen den Einwohnern zu schlichten. Er sei, hatte sie gesagt, schon so weit gefahren, daß es schade wäre, nicht weiter zu reisen. Vielleicht hatte er ohnehin vorgehabt, das Land zu besuchen; er äußerte sich selten über seine Pläne. Sie brachte ihren Koffer und den Sack mit Büchern auf sein Zimmer und schlief eine letzte Nacht bei ihm im Hotel, ehe sie zusammen einen frühen Flug nahmen. Am Zielort wurden sie von einer der großen Limousinen Rataus abgeholt, und ein Cousin von Ratau fuhr sie die hundertzwanzig Kilometer in die Stadt des Häuptlings. Sie beobachtete, wie sich die

Augen ihres Fotografen zwinkernd an das vorbeihuschende Gestrüpp gewöhnten. Abends im Bett (Ratau würde gleich merken, daß er ihnen ein gemeinsames Zimmer zuweisen mußte) würde sie zu ihm sagen können: »Hab ich es dir nicht gesagt; diese endlose Ebene und der einzelne Berg mit den verschiedenen Spitzen, der einen blauen Schatten wirft – genau das imaginäre Land, das auf alten Karten als ›Land des Johannes Presbyter‹ oder ›Kafferland‹ bezeichnet wird.«
Doch sie kamen sehr spät zur Ruhe und schliefen irgendwann zu fünft oder sechst (darunter einige, die ziemlich betrunken waren und wie laute, unschuldige Kinder vor dem Zubettgehen Schabernack trieben) vor dem Feuer im Wohnzimmer ein. Ratau veranstaltete eine seiner Hauspartys. Freunde aus seiner Studienzeit in England und Amerika, Leute, die er zu sich eingeladen hatte, als er zu verschiedenen Zeiten verschiedene Länder bereist hatte, neigten dazu, einfach aufzukreuzen. Außerdem nahmen immer zahlreiche Angehörige der drei Frauen seines Vaters seine Gastfreundschaft in Anspruch, die es selbstverständlich fanden, dem Haushalt auf die eine oder andere Weise dienlich zu sein, solange sie da waren. Ratau mit seinem unwiderstehlichen afrikanischen Lachen und dem schonungslosen Cambridge-Akzent hatte verkündet, daß er sie alle am nächsten Morgen früh aus den Betten holen würde, zu einem Jagdausflug. Und tatsächlich war er um halb sieben gestiefelt und gespornt und rüttelte die Schläfer wach. Neben ihm stand die

kleine wachsblonde schwedische Töpferin aus der Handwerksschule im Dorf, die er offensichtlich mit auf das ihm als Gastgeber vorbehaltene Zimmer genommen hatte. Einer seiner entfernten Verwandten schleppte auf einem riesigen Zinntablett Becher voller Kaffee und Zwieback herbei. Er habe auch etwas Stärkeres zu bieten, rief Ratau, für Leute, die meinten, die morgendliche Kälte bannen zu müssen. Ein alter mit Weinbrand, Gin und Zuckerrohrschnaps beladener Küchentisch stand stets zwischen den bemalten, mit Elefantenhaut bespannten Fässern und den Segeltuchstühlen auf der riesigen Veranda, die schützend das Haus umgab. Auch die Gewehre lagen dort bereit. Ratau war dabei, Verwandten, die er zusammengerufen hatte, Befehle zu erteilen. Er zog die Bolzen aus den Gewehren, hob prüfend ihre Läufe ans linke Auge. »Christie – sage mir, dein Freund, wie heißt er noch? Wird er sich als Schütze betätigen wollen?« Und sie lachte ein wenig treulos, weil Ratau so attraktiv war, so unbefangen männlich in seiner selbstverständlichen Hinnahme der (wie man ihr an ihrer progressiven Schule beigebracht hatte) konditionierten Männerrolle des Jägers. »Er schießt mit der Kamera«, sagte sie.
»Prima. Er wird mich heute meine Elenantilope erwischen sehen.«
»Ra-tau! Das ist doch strengstens verboten! Hast du mir nicht gesagt, daß Elenantilopen geschützt sind?«
»Einem Häuptling ist eine pro Jahr erlaubt. Letztes Mal war mein Bruder an der Reihe, nun werde ich

meine erlegen.« Er senkte die Stimme, sei es, um sie zu hänseln, oder kokett: *Ich werde dir die Haut geben, damit du es warm hast in London.* Und sie raunte: *Im Ernst?*

Ich meine immer ernst, was ich sage, Christie.

Die schwedische Blondine war nicht in Hörweite. Als Christine auf die kiesbestreute Auffahrt trat, wo angefeuert von einigen bereits eingestiegenden Verwandten Rataus ein Lastwagen vorgefahren war, sah sie sie auf einem weißgetünchten Stein sitzen und gähnen wie eine Katze. Sie hielt mit der religiös anmutenden Verehrung, die schwedische Mädchen schwarzen Kindern entgegenbringen, ein zappelndes Kleinkind auf dem Schoß. Der Fotograf mischte sich auf seine unauffällige Art unter die Leute. Seine Ausrüstung hing an seinem Hals, beulte die Taschen seiner Safarijacke und seiner zu groß geratenen Shorts aus. Er half die kaputte Heckklappe des Lastwagens öffnen, damit die Leute einsteigen konnten, beteiligte sich jedoch nicht am Geschrei und Gelächter, das diesen Leuten, die sich erst am vergangenen Abend kennengelernt hatten, das Gefühl gab, gute Freunde zu sein. Er lächelte ihr zu wie vor der Zeit, als sie ein Liebespaar geworden waren; die Brüste und Schenkel, Pobacken, Knie, Füße und Arme, die sich kameradschaftlich vereint auf dem Lastwagen drängten, schienen ihre Begegnung im Hotelzimmer in Dar zu leugnen. Er war bestimmt verheiratet, und seine Verschwiegenheit beruhte auf einer leidenschaftlichen Liebesbeziehung in seiner Jugend, deren Verwandlung in häuslichen Frieden zur Grundlage seiner freundlichen Distanz geworden war. Sie hätte darauf wetten können, auch wenn sie ihn nie danach gefragt hatte. Sie hoffte mit der leicht defensiven Haltung der Schuldbewußten, daß er nicht schmollte, weil sie ihm versprochen hatte, an diesem Morgen mit ihm zur Ratsversammlung unterm Baum zu gehen, und dann hinauf zu dem geweihten Ort, an dem die Häuptlinge begraben lagen. Statt dessen hatte sie zugelassen, daß sie und er auf diesen Jagdausflug mitgeschleppt wurden; vielleicht hatte er für so etwas nichts übrig und kam nur mit, weil er glaubte, daß *sie* etwas dafür übrig habe. Und sie konnte nicht mit ihm sprechen, konnte nichts erklären, nichts entschuldigen, konnte ihm nicht im Gedränge des Lastwagens die geheime Botschaft der Verführerin übermitteln, weil sie vorn in der Fahrerkabine saß, mit Ratau am Steuer und einer jungen schwarzen Frau namens Yolisa, während er hinten auf der offenen Pritsche mitfuhr. Sie wandte einmal den Kopf und sah ihn, bevor der Lastwagen durchgerüttelt wurde und andere Leute in ihr Blickfeld warf: Ulla, die kleine Schwedin, ein greises Faktotum mit einer uralten Balaklavamütze auf dem Kopf, den riesengroßen, ewig lachenden Ingenieur, der Yolisas Mann war, ein großer, runder, halsloser Kopf, ähnlich dem einer Bronzestatue aus Benin – und überall ragten Gewehrläufe hoch. Nein, natürlich schmollte ihr Fotograf nicht; er war mindestens achtunddreißig, kein junger Mann in ihrem Alter, der sich zum Thema Befreiung ausließ und von seinen Mädchen erwartete, daß sie sich seinen Beschlüssen fügten.

Ratau fuhr mit waghalsiger Souveränität durch die Morgenstille, die an den Feuerstellen der Stadt seiner Väter und Vorväter herrschte, und durchquerte auf der Ausfallstraße eine Ziegenherde. Draußen im offenem Gelände zeigten sich immer wieder Gestalten, angetan mit allem, was die Armen in ländlichen Gebieten zum Schutz gegen die winterliche Kälte zusammentragen können – Vogelscheuchenjacken, rissige Lackléderschuhe, Strickmützen, Säcke, die als Umhang dienten, karierte Wolldekken. Sie tauchten aus einer Bodenrinne auf oder erschienen dort, wo Vieh rund um einen dornigen Baum das Gras niedergetrampelt hatte. Ein Mann kam zielstrebig auf den Lastwagen zu, die Hand in geduldigem Respekt erhoben. Ratau brachte den Wagen in einer wie Beifall aufbrandenden Staubwolke zum Stehen. Er beugte sich aus dem Wagenfenster, rief erst seinen Trägern hinten auf dem Wagen, dann dem Mann am Straßenrand etwas zu. Dieser war vereinbarungsgemäß gekommen, um die Jagdgesellschaft über die Bewegungen des Wildes in Kenntnis zu setzen. Ratau wendete und fuhr seinen Angaben folgend über die Ebene auf einen Mopanewald zu, durch den Mopanewald durch und dann wieder hinaus auf offenes Terrain. Das Fahren ohne Straße, frei und planlos, aber mit plotzlichen Kraftanstrengungen verbunden wie eine Fahrt mit dem Motorboot auf rauher See, das Gelächter Rataus, die goldroten Bäume, die unvermutet aufragten und wieder verschwanden, die metallenen Knochen ihres Gefährts, die knarrten und ächzten, ließen die

drei in der Fahrerkabine die Menschen hinten auf dem Lastwagen vergessen. Einmal war ein dumpfer Aufschlag auf dem Dach zu hören, und Ratau bremste brüllend vor Lachen ein wenig ab, doch die Gemütsruhe, mit der er herauf- oder herunterschaltete, die Sicherheit, mit der er durch die Wildnis kurvte, waren vertrauenerweckend: Niemand befand sich in Gefahr, und er würde sie heil ans Ziel bringen.
Bei all dem Lärm, bei all der herrschenden Euphorie machte ein Gewehrschuß kaum mehr Eindruck als ein Korkenknallen. Erst der Schrei, der am Rande des Motorengeräuschs ausklang, das Hämmern der Fäuste auf dem Dach der Fahrerkabine, machte die drei vorne auf die Detonation aufmerksam. Yolisa reagierte mit einem typisch weiblichen Klagelaut und umklammerte Christines Schenkel. Der Lastwagen bremste scharf, und Rataus glatter schwarzer Arm streckte sich zur harten, aber wirksamen Barriere aus, die verhinderte, daß die Frauen an die Windschutzscheibe geworfen wurden. Im Sekundenbruchteil der Kollision zwischen Sehen, Hören, Fühlen sah Christine etwas Großes vom Wagen fallen. Sie fuhr herum in Richtung Rückfenster und spürte, wie ihre Halswirbel knackten. Es war Yolisas Mann – nicht mehr zu sehen zwischen den anderen. Sein massiger Körper war herausgeschleudert worden. Sie nahm die geballten Fäuste der schwarzen Frau fest in beide Hände. Das Entsetzen ließ sie erblassen. Sie sah sich und die anderen um den Mann dieser Frau herumstehen, aus dem das Blut herausrann, bis es versiegte, ohne daß jemand die

Kenntnisse oder die Mittel besessen hätte, es zu stoppen. Das hilflose Ringen von Träumen hielt sie im Lastwagen gefangen; in dieser Starre hielt sie die junge Frau fest, um sie abzuschirmen gegen den Tod.
Und dann hörte man Gelächter. Gelächter und Zurufe. Die Tür auf der Fahrerseite stand offen, seit Ratau herausgehechtet war. Am Fenster neben dem Beifahrersitz war der dicke Ingenieur aufgetaucht und signalisierte seiner Frau, es herunterzukurbeln. Er atmete schwer, rieb sich das rechte Ohr und wurde von den anderen abgeklopft wie ein Kind, das hingefallen ist. Christine und die junge Frau neben ihr, die sie erst vor vierundzwanzig Stunden kennengelernt hatte, warfen sich einander zitternd in die Arme. Wie zwei Liebende, die den nächsten Augenblick nicht zusammen verbringen können, zögerten sie, bevor sie ausstiegen. Der Mann legte den Arm um seine Frau, wie man es bei einer Party tut, und grinste: »Keine Sorge, noch bist du nicht Witwe.« Sie zog die Schultern hoch und blickte gereizt. Ratau machte einen Witz – die beste Medizin gegen Schock. »Meine Güte, Mann, da muß bloß ein Schuß fallen und schon meinst du, du wärst im Jenseits gelandet.« – »Also, ich bin jetzt noch nicht sicher, daß ich wirklich am Leben bin – mein Ohr brennt höllisch.« – »Ist nicht der kleinste Kratzer zu sehen, ich versichere es dir. Du hast dich erschreckt, sonst nichts.« Die Sonne, soeben rostrot aufgegangen, warf ihren fröhlichen Feuerschein durch den bronzenen, karminroten, kupfernen, braunen und

messingfarbenen Zunder verdorrter Mopaneblätter und den vergoldeten Staub, der ringsum aufgewirbelt worden war. Die Stille, die alle Wälder umfängt, wurde von frohlockenden Stimmen gestört, und schelmisches Gelächter verhallte in der Einsamkeit. Jemand hob einen Kasten Bier vom Lastwagen; es war kalt wie Champagner. Die Dosen wurden wie Kalebassen von Mund zu Mund weitergereicht. Die Gewehrträger in ihren blauen Monturen, die nackten schwarzen Füße auf dem kalten sandigen Boden, kicherten vor Wonne. Sie sprachen kein Englisch, und die kleine schwedische Blondine nahm die Gelegenheit wahr, die paar Brocken ihrer Sprache anzuwenden, die sie bereits gelernt hatte. Mehrere der Anwesenden schilderten, wie der Ingenieur aus ihrer Sicht vom Lastwagen gehüpft, gefallen, gepurzelt, gesprungen war. Der schlug sich derweil aufs Ohr. »Ich sage euch, ich bin völlig taub auf dieser Seite. Ich hab gespürt, wie mir die Kugel die Haut versengt hat.« Jemand schlich sich an ihn heran und brüllte ihm ins Ohr, so daß er aufschrie. Ratau stand mit gebieterisch ausgestrecktem Arm da und dirigierte das allgemeine Gelächter.
Sie trat beinahe linkisch auf den Fotografen zu; er benahm sich wieder einmal unglaublich gesetzt! Die anderen würden einen falschen Eindruck von den Männern bekommen, mit denen sie sich einließ. »Du hast neben ihm gestanden, nicht wahr?«
Der Fotograf zündete seine Pfeife an und gab einen Augenblick lang nur paffende Geräusche von sich. Seine außerordentlich schönen Augen, die sie in

Dar so entzückt hatten, sahen im Dreiviertelprofil durchscheinend und elliptisch verzerrt aus, wie das Innere einer gläsernen Murmel. Er lächelte ihr kurz zu. »Die Kugel ist zwischen uns losgegangen – hat meinen Kopf und sein Ohr gestreift.«

Ja, klar – der Mann, den sie zum Jagdausflug mitgebracht hatte, war der kleinste und leichteste von allen und wirkte auch sonst recht unscheinbar. »Meine Güte. Erzähl, wie war das?«

»Laut. Der Mann hat Glück, daß er noch am Leben ist. Zwei Zentimeter weiter links, und die Kugel wäre über meinen Schädel weggegangen, zwei Zentimeter weiter rechts, und sie hätte in seinem Kopf gesteckt.« Er sagte es im Gesprächston mit gedämpfter Stimme, so daß niemand mithören konnte. Zu den Versammelten – eigentlich nur zu Ratau, denn die anderen waren schon wieder auf dem Lastwagen – sagte er: »Vielleicht wäre es eine gute Idee, nachzusehen, ob die Gewehre auch nicht geladen sind.« Vernünftig, aber ein Dämpfer, wie man ihn von einem zu erwarten hatte, der nicht den Stil besaß, um der Gefahr so tapfer ins Auge zu sehen, wie es diese Festgesellschaft tat. Was wußte er überhaupt darüber, wie man mit Gewehren umging?

Ratau sagte nicht unfreundlich: »Keine Sorge, es wird Ihnen nichts passieren. Es ist alles unter Kontrolle.«

Die junge Schwedin, die mit dem defensiven Lächeln eines verängstigten Kindes Platz genommen hatte, hielt die Hand (kalt fühlte sie sich an, hart wie der Fuß einer Schildkröte) des alten Gewehrträgers,

der noch nie von einer weißen Frau berührt worden war.
Zweimal holte die Jagdgesellschaft drei Elenantilopen ein, die als rasch wechselnde Bilder zwischen den Mopanebüschen zu sehen waren. Die erlesene Kalligraphie ihrer Flanken ließ sie zweidimensional erscheinen. Ratau kam nie bis auf Schußweite an sie heran. Er mochte enttäuscht sein, war jedoch nicht der Typ, der seinen Gästen gegenüber unhöflich war und ihnen seine Unzufriedenheit aufbürdete. Der Lastwagen zuckelte in eine andere Richtung, wo die Späher anderes Wild ausgemacht hatten. In einer natürlichen Parklandschaft zwischen Mopanewäldern graste eine Herde roter Kuhantilopen. Sie sahen die Bedrohung nicht, die sie nicht kannten. Der schwankende Lastwagen paßte auf keine Beschreibung eines Raubtiers. Die beiden Frauen in der Fahrerkabine flüsterten einander zu: »Sieh nur! Sieh nur!« vor lauter Verwunderung über Lebewesen, die wie Muster wirkten und zugleich glänzend rotbraun und cremefarben in Bewegung waren, prähistorisch und zugleich lebendig (Schwänze wedelten, Häute zuckten, um Parasiten zu vertreiben, Kot fiel in elegantem Bogen herab). Die Herde zog wie eine Wolke vorbei, wie der Rand eines Gewässers, veränderlich, ohne sich aufzulösen.
Ratau war vom Fahrersitz auf die Pritsche des Lastwagens gestiegen. Seine Träger sprangen federnd herunter, teilten kreuz und quer die Gewehre aus. Er hielt sich an die englischen Regeln: Jeder seiner Gäste mußte die Chance haben, ein Tier zu erle-

gen, ehe er auch nur einen Schuß abgab. Die Luft über dem Lastwagen krachte und knisterte. Das uralte Warnsignal erging in Form einer einzigen majestätischen Bewegung eines gehörnten Hauptes. Die Herde rann auseinander wie Quecksilber, eine Masse ohne unterscheidbare Einzelteile. Zweihundert Meter, dann blieben die Tiere stehen, die herrlichen Masken ihrer Häupter den Jägern zugewandt. Der Lastwagen folgte sehr langsam (neben Christine saß jetzt ein Verwandter am Steuer, der roch, als sei seine Kleidung mit dem Rauch eines Holzfeuers imprägniert), bis er erneut in Schußweite war. Wieder feuerten die Gäste auf Weisung ihres Gastgebers. Wie wenn man ein dickes Stück Tuch an einem Ende packt und daran zerrt, ging eine Schockwelle durch die Herde. Die Tiere machten kehrt, und diesmal war das heftige Klappern ihrer Hufe zu hören. Einige lagen da, wo sie gestanden hatten. »Fünf, wir haben fünf erledigt!« rief der Ingenieur. »Sechs«, entgegnete Ratau und legte einem seiner Freunde die Hand auf die Schulter. »Du hast zu tief gezielt, alter Junge; du hast sie am Bein erwischt. Nimm dir jetzt den Hals vor.« Christine und Yolisa waren aus dem Wagen gestiegen. Christine hatte die Hände auf die Hüften gelegt und spähte in die Ferne. »Eine steht allein unter dem Baum dort! Seht!« – »Albert hat sie angeschossen, das Hinterbein ist nicht mehr zu gebrauchen.« – »O nein!« – »Sei ein braves Mädchen und steig wieder ein.« Sie hielt Ausschau nach dem Fotografen, weil sie sich hinten auf dem Lastwagen zu ihm setzen wollte, doch die Männer, nun selbst zur Herde geworden, drängten in ihrer Aufregung blindlings an ihr vorbei, und ihr blieb nichts anderes übrig, als zu tun, was Ratau sagte, und wieder in die Fahrerkabine zu steigen.

Sie rollten langsam über die Ebene auf den Akazienbaum zu, in dessen hauchdünnem Schatten die Fellzeichnung der roten Kuhantilope klar zu erkennen war. Alle Augen waren auf sie gerichtet, und sie begegnete ihren Blicken, als hätte sie auf sie gewartet. Sie stand, ohne zu schwanken, auf drei Beinen, während das vierte, das linke Hinterbein, am Gelenk ausgerenkt herabhing. Nur diese Absetzung im Gelenk und ein Faden hellroten Blutes durchbrachen die Symmetrie des Geschöpfs. »Eine Kuh«, sagte jemand; jemand anderer nickte. Ratau stellte sich zur Ermutigung neben den Mann, um dessen Beutetier es sich handelte. Niemand regte sich. Der Schuß schien durch ihrer aller Anspannung abgefeuert worden zu sein, und das Tier brach zusammen. Dann jedoch wurde der Ruf laut: »Immer noch am Leben!« – »Mein Gott, Mann, gib ihr den Rest!« Ulla und Yolisa hielten sich die Ohren zu. »Ratau, tu du es!« Aber Ratau, der geduldige Gastgeber, instruierte nur: »Schau mal, so – du bist in Kernschußweite, du kannst es nicht verfehlen ...« Schwitzend, beinahe kichernd vor Scham und Wut auf sich selbst, feuerte der Gast wieder auf seine Antilope, die keuchend, immer noch atmend dalag und ihn ansah und auf den Tod wartete, den er ihr schuldig war. Aber selbst das war kein sauberer Schuß, nur ein tödlicher. Die Antilope spürte nun offenbar das Nahen des Todes. Sie warf mit dem letzten Wunder an Koordination, das sie zu vollbringen fähig war, am Boden liegend den Kopf zurück und stieß den Schrei einer Kuh aus, das vertraute, sanfte, kummervolle Muhen einer schwerfälligen, euterbewehrten Mutter. Es war, als habe sich in diesem Augenblick erwiesen, daß die Kreatur in der Weihnachtsnacht tatsächlich von ihrem Leiden erzählen darf. Niemand war sich darüber im klaren gewesen, daß diese wilden Tiere mit ihrem bescheidenen Blöken die Verbindung zwischen Schlachthof und Jagd herstellen konnten, zwischen dem Sklaven und dem freien Menschen. Yolisa und Ulla nahmen Zuflucht in der Fahrerkabine. Christine stand wie angewurzelt da und biß auf ihren Zeigefinger. Sie dachte nicht an das Tier, sondern daran, wie entsetzlich er dies alles finden mußte, er, der mitgeschleppt worden war, obwohl er nichts weiter gewollt hatte, als die viktorianischen Denkmäler zu besichtigen, wo Rataus Vorfahren lagen, als dem Ältestenrat im Schatten des Versammlungsplatzes bei der Rechtsprechung zuzuschauen, als den Nachhall von Predigten in den Grabsteinen und Stimmengewirr im Baum zu entdecken.

Da merkte sie auf einmal, daß er vom Lastwagen gesprungen war und rasch auf das sterbende Tier zuging. Die Shorts und Wanderschuhe ließen seine zarten, harten, dünnen Beine wie die eines unterernährten Schuljungen aussehen, und er trug wie unter ein Joch gebeugt die Last der vollgestopften

Taschen seines Buschhemdes und der Lederriemen zweier Kameras. Er näherte sich geradewegs dem Blick, von dem sich anstandshalber alle abgewandt hatten, ging in die Knie und machte sich daran, ihn ein ums andere Mal zu fotografieren. Aus nächster Nähe nahm er durch die Kamera, mit der Kamera Einblick in die letzten Augenblicke jenes Lebens, das in den offenen Augen des Tiers verging. Sein Gesicht war ganz auf die Geräte konzentriert, mit denen er hantierte. Eine tiefe Linie, die sie noch nie gesehen hatte, grub sich zwischen den schmalen Nasenflügeln und dem Mund ein. Er setzte Filter auf die Linse auf, entfernte sie wieder. Er nahm sich Zeit. Das Tier versuchte noch einmal das Maul aufzumachen, doch es kam kein Laut heraus, nur eine blutige Blase. Das eine Auge richtete sich, nachdem der Kopf erschlafft war, beinahe beruhigt auf ihn, stellte sich auf ihn ein, bis das Sehvermögen nachließ, und die ganze Zeit blickte der Fotograf mit seiner Kamera mitten hinein.

Dann kehrte er zum Lastwagen zurück, wo Ratau gerade das Verhalten der Herde erläuterte, nachdem einige der Tiere gefallen waren. Christine flüsterte: »Die Antilope bewegt sich immer noch.« In der Ferne zuckte der Tierleib schwach wie ein getretenes Bündel.

»Nein«, sagte er. »Sie ist tot.« Er schrieb (ein Datum, einige Zahlen) in sein Notizbuch mit den Eselsohren, das nach Tabak roch.

Die endgültige Ausbeute belief sich auf neunzehn Tiere – zwölf rote Kuhantilopen und sieben Bläß-

böcke, von denen Ratau persönlich die meisten auf Anhieb erlegt hatte. Die Elenantilopen bekamen sie nicht mehr zu sehen. Yolisa saß vorn in der Fahrerkabine, ohne hinauszusehen, und sagte: »Jetzt will ich nur noch zurück, nachsehen, ob alles in Ordnung ist mit meinem Baby.« Ein zweiter Lastwagen traf ein, bahnte sich seinen Weg im Gefolge des ersten wie durch die beschilderten Straßen einer Stadt, und Rataus Verwandte sammelten und verluden mit ungeheurer Bewunderung und Freude die Kadaver, bis der Stapel der blutigen Felle an die Mantelablage auf einem Fest erinnerte.
Die Frauen versicherten, daß sie das Fleisch nicht anrühren würden, das Ratau ihnen für den Abend versprach. »Ihr werdet sehen, rote Kuhantilope ergibt das beste Wildbret.« Doch als der Abend kam und das Feuer unterm Kaminbild, das den alten Oberhäuptling mit Uhrkette, Homburg und Leopardenfell zeigte, unter den Rotweintrinkern den köstlichen Duft brennenden Tambutiholzes verbreitete, als der von der frischen Luft verursachte Hunger so lustvoll wurde wie sinnliche Begierde, aßen alle aus den bauchigen Emailletöpfen, mit denen ein einäugiger Verwandter die Runde machte. »Hätte erst abgehangen werden müssen« – Ratau verwies Christine auf die englische Küche, die ihnen beiden bekannt war –, »aber hier, bei uns, ist niemand bereit, zu warten.« Auch in der Küche wurde geschmaust, und draußen auf dem Hof kochten Leute an einem gemeinsamen offenen Feuer. Christine trank viel. Sie behielt die seltsam kindliche Ge-

stalt in den alten Shorts und der Safarijacke im Auge, war sich des Geruchs seiner Pfeife im Raum bewußt – trotz des Tambutidufts, trotz der lauten Rockmusik. Sie hoffte, an diesem Abend irgendwo allein mit ihm schlafen zu können. Sie ging den Männern aus dem Weg, die mit ihr getanzt hatten, und machte ihn ausfindig. »Bist du böse auf mich?«

Er unterhielt sich leise mit einem alten schwarzen Mann, der in einer handgeschnitzten Pfeife seinen Tabak ausprobierte. »Wieso?«

»Dann ist es ja gut.« Sie hatte das Bedürfnis, dieses weise Ästhetengesicht leidenschaftlich zu küssen, mit beiden Händen unter das alte Khakizeug zu fahren und ihm mit den Fäusten an die nackte Brust zu trommeln. Er lächelte ihr freundlich zu, ohne sich von dem alten Mann abzuwenden. Sie deutete die Geste: »Geh und amüsier dich ohne mich.«

Doch es dauerte bis zum nächsten Morgen, bis sie seine Nachricht in der Hand hielt. Bis sie aufgestanden war und sich behutsam einen Weg zwischen den Schlafenden im Wohnzimmer gesucht hatte, war er bereits mit dem Schienenbus abgefahren, der, von seinem sonoren Dieselmotor geschüttelt, angehalten hatte, um Passagiere und von diesen mitgeführte Kleintiere aufzunehmen und in die Hauptstadt zu bringen. Der Fotograf hatte ihr einen kurzen Brief hinterlassen und einen weiteren beigelegt, in dem er Ratau für seine Gastfreundschaft dankte. Beide rochen, als wären sie in unmittelbarer Nähe des Tabaksbeutels aus Wachstuch entstanden. »Es wird

Dich freuen, zu hören, daß ich heute über dem geweihten Ort die Sonne habe aufgehen sehen. Er ist genau so, wie Du ihn geschildert hast. Du hast auch gesagt, daß es keine andere Unterkunft gibt als das Holiday Inn. Ich werde dort absteigen. Ungefähr eine Woche bis zum 25. 6., würde ich sagen. Solltest Du vorbeikommen, findest Du mich mittags in der Schlange am Büffet vor dem Curryreis-Trog.«
Sie schlenderte durch den Garten, wo Blüten wie gelandete Schmetterlinge an den Bauhiniabäumen hingen und mit Blut und Sehnen angereicherte Knochen und Fellbüschel, die die Hunde über Nacht vom Hof gezerrt hatten, auf dem Oval aschfahlen Winterrasens verstreut lagen. Fliegen schwirrten ihr ins Gesicht. Draußen auf der Straße war der Staub unter ihren Füßen so üppig wie Sahne. Unter dem gewaltigen Baum hatten sich alte Männer versammelt, und der eine oder andere enttäuschte Einwohner, dem förmlichen Anlaß entsprechend mit Hut und Stock angetan, erwartete den Ausgang einer langen Tirade. Sie verweilte, nicht zu nahe, aber so, als müsse sie in der Lage sein, zu verstehen, als habe der Sprecher etwas zu sagen, das sie betraf.

Leben oder Tod

Geborgen im Elefantensitz ihres Bauches werde ich wie bei einer Prozession mit bedächtig wiegendem Schritt steile Straßen hinaufgetragen. Das Pochen ihres Herzens huldigt mir; ich kenne die Menschen nicht, die sich am Wegrand versammelt haben. Mit der Wasserpfeife meines Daumens im Mund mische ich mich unter sie, ungesehen und ohne selbst zu sehen, hinter dem tanzenden, scharlachroten Brokat ihres Blutes. Hin und wieder komme ich mit einem Ruck zum Stillstand. Da ich Bewegung gewohnt bin, veranlaßt mich dies, mich zu bewegen: gereiztes, ungeduldiges Klopfen einer unsichtbaren Präsenz. Sie legen ihre Hände auf, um ein Signal von dort zu empfangen, wo ihre Existenz nicht wahrgenommen wird.

Ein schielender fünfundzwanzigjähriger Araber mit einer Wollmütze auf dem Kopf springt mit einem fröhlichen Satz zurück in den Graben. Andere klettern unbeholfen hinunter, mit dem geistesabwesend geöffneten Mund von Tagelöhnern, dem Verdruß des Schweißes. Ihre Arbeitskleidung besteht aus ausgedienten Nadelstreifenhosen, die in zerknitterten Bündeln aus Tunis und Algier herangeschafft wurden. Eng am Kopf anliegend und tief und gerade in die Stirn wachsend wirkt ihr Haar wie ein fremdartiger Kopfschmuck, mit dem sie sich kenntlich machen, selbst wenn sie gerade nicht ihre weiche, gutturale Prophetensprache sprechen. Einer hat Gold im Mund, das Familienvermögen in schiefe Zähne gepackt. Ein anderer ist ausgemergelt wie ein Bettler oder ein weiser Mann. Die großen Füße in den erdverkrusteten Stiefeln sind das einzig Horizontale an ihm, wenn seine Arme mit der Hacke hochfliegen. Augen, die wie die eines Clowns mit pudrigem Staub umrandet sind, blicken genau auf der Höhe über den Grabenrand, in der die Verzerrung des weiblichen Körpers unter dem Zelt eines Rocks weibliche Schenkel sehen läßt. Es handelt sich um eine junge Frau. Während sie über ein Jahr lang in dem französischen Ferienort Straßen ausgebessert und Abflußrohre gelegt haben, haben sie sie neben dem Mann hergehen sehen, der sie begehrte und verfolgte, der Jagd auf sie machte, selbst wenn sie Seite an Seite dahingingen – er mit der Goldschnalle am Gürtel, der Tasche, deren Trageschlaufe um sein Handgelenk geschlungen war, dem Hemd, das eng wie eine Schlangenhaut sportliche Schultern zur Geltung brachte, dem lockigen roten Haar eines Satyrs, das oben schütter war, jedoch über Nacken und Brustbein in die Tiefe kroch und sie ebenso anfunkelte wie seine Augen und sein Lächeln.

Wie alle anderen Frauen in diesem Land war sie für sie unerreichbar. Sie hat ihnen damals nicht zugenickt, und der geöffnete Mund, mit dem sie nun näher kommt, ist nicht der Auftakt eines Grußes, mit dem sie den Postboten oder eine alte Frau aus dem Dorf beglückt. Sie keucht nur unter ihrer acht Monate alten Last: Drinnen ein weiterer Vorarbeiter, Aufseher, *patron* wie der, der gleich vorbeikommen wird, um sich zu vergewissern, daß sie nicht müßig sind.

Hier – spürst du es?
Konzentriere dich auf die geleerten Cappuccinotassen mit den schokoladengesprenkelten Schaumresten. Das Dröhnen der Jukebox, die jemand in Gang gesetzt hat, scheint zu verhindern … Als gäbe es etwas zu hören, durch die Handfläche hindurch!
Gib mir deine Hand …
Das Klimpern von Münzen, als die silbernen Armreifen am Handgelenk der älteren Frau in willenlose Bewegung geraten.
Da. *Da*. Tiefer, ja, da – nun *mußt* du es spüren.
Aber war es nicht immer unmöglich, von außen etwas zu entdecken? … So lange her: ein Klopfen, Zupfen (ja, so fühlte es sich am ehesten an) – ein Zupfen am Fleisch von innen, als würden Finger rastlos ein Stück Stoff in Falten legen. Wäre ich es, in der du dich befindest, würde ich dich spüren. Du wärst unverkennbar. Du wärst anders als die Kinder, die er hat, anders als die Kinder, die ich habe. Du bist ein Mädchen, weil er bis dahin kein Mädchen hatte. Seine Tochter, die seinen steifbeinigen Gang

geerbt hat (Reiherbeine, sagte ich immer dazu), meinen Hintern (Wackelpo, sagte er immer dazu), seine ovalen Nägel und die feine weiße Haut hinter den Ohren. Du kannst dir die Knie und Ellbogen aufschlagen. Teeblätter bringen das Grau deiner Augen zum Glitzern. Wie er, wie ich. Du hast unser Gesicht; so haben wir uns im Spiegel eines heimlich benutzten Aufzugs als Paar gesehen.

Der Arzt sagt, sie lutschen schon in der Gebärmutter am Daumen. Es lutscht am Daumen!
Als wäre der Arzt ein Kollege, bestätigt der junge Ehemann seine Mitteilung mit einem Nicken und blickt dabei kritisch auf den majestätischen Hügel, der aus dem Wasser in der Wanne aufragt. Wie viele Menschen ohne akademische Ausbildung erhebt er den Anspruch des Zeitschriften lesenden Amateurs, sich auf zahlreichen Wissensgebieten auszukennen.
Meinem Jungen wurde schon nahegebracht, was es mit dem Leben auf sich hat, als er noch ein kleines Kind war. Keine Süßigkeiten, sieh dir den Zustand meiner Zähne an. Du beendest die Schule, egal was passiert. Alles schön und gut, mit neunzehn so viel zu verdienen, daß man sich einen 59er Porsche C aus dritter Hand leisten kann, aber dann bleibt einem, wenn gerade Rezession herrscht, mit vierunddreißig Jahren nichts anderes übrig, als Fernsehgeräte auf Kommission zu verkaufen. Hier wird im Sommer nicht bis spät abends auf der Straße rumgerannt; wer zwölf ist, hat nachts zu schlafen. Keine

Jagd auf Mädchen, um ihnen, wenn man sie gefangen hat, auf der dunklen Veranda der alten Kirche, die inzwischen abgerissen ist, die kleinen Brüste zu kneten. Halt dich von verheirateten Frauen fern, die dich im Bett festnageln, die verdorbenen Biester, während ihre Ehemänner es in der Welt zu etwas bringen und sich einen Panther Westwinds de Ville kaufen – die sind nach dem Vorbild des Bugatti Royal gestaltet, des besten Automobils, das je gebaut wurde; Onassis hatte eines davon. Purdey-Flinten legen sie sich zu, goldene Feuerzeuge, Kameraausrüstungen, Boote mit allem Komfort (Bar, Sauna) – da könnte man ohne weiteres an Bord wohnen, zum Beispiel dann, wenn gerade keine Sozialwohnung zu kriegen ist. Ein toller Liebhaber, aber die seidenen Hemden und echten Glacélederstiefel aus Italien halten nicht lange, wenn man sich auf der Suche nach Arbeit in Bars herumtreibt und immer nur die Drecksjobs angeboten bekommt, für die die Araber da sind. Geraucht wird auch nicht; schlimm genug, daß deine Mutter und ich uns die Lunge kaputtmachen, um zwanzig Prozent verringerte Lebenserwartung, heißt es. Du wirst vernünftiger sein, sonst setzt es was. Du wirst Glück haben. Frauen lieben rotes Haar, ein altbekanntes Zeichen von Manneskraft. Du wirst erster Klasse fliegen und Champagner trinken. Du wirst »Direktor« in Formulare eintragen. *Du tust, was ich dir sage.* Wenn du keinen Schluck Coca-Cola zum Probieren kriegst, wird es dir nicht fehlen.
Fühl mal – mein Bauch ist so hart. Ich bin wie ein Stein.

Sie kennt die korrekte Bezeichnung nicht, aber sie denkt an eine halbierte Druse in einem Schaufenster; an eine Kristallhöhle, einen aufgebrochenen Stern. Und drinnen, gebogen wie eine Bohne, späht das Wunder ihres Leibes ins Leere.

Wie lange noch?
So lautet der Gruß einer alten Frau. Ihr steifer Hund steht mit den Vorderpfoten auf dem Fensterbrett in der Küche und beobachtet die Köpfe, die ins Blickfeld geraten und wieder verschwinden. Er hebt ein wenig die Nase, als würde er sich erinnern, als ein Botenjunge mit einem Kopfschmuck aus Brotlaiben polternd vom Bäcker zum Hotel eilt. Neben dem Hund blickt die alte Frau auf eine Wölbung herab, unter der sandalenbewehrte Füße zu erkennen sind, wie die Pappkartonfüße an einem anthropomorphen Ballonspielzeug. Darüber lächelt ein strahlendes, glattes Gesicht mit der freundlichen Gönnerhaftigkeit der Jugend zu ihr auf.
Es kann nicht mehr lange hin sein, für sie. An jedem Tag, an dem sie und der Hund es bis zur Vordertreppe schaffen, um sich mit unendlich langsamen Bewegungen mittags in die Sonne zu setzen, kann man die Atemzüge zählen, die ihr bleiben.

Er wird in der Uniform eines Beamten der Einwanderungsbehörde hinter einem Pult stehen und mit dem Stempel bestimmen, wie lange sie bleiben dürfen und wann sie wieder fort müssen. Er wird im großen Auto vorfahren, das auf seiner weichen Federung im Staub wippt wie ein Vogel auf dem Wasser, und sich nicht erst die Mühe machen auszusteigen. Statt dessen wird er aus dem Fenster demjenigen unter ihnen Befehle erteilen, der die Sprache ein wenig besser versteht als die anderen.

Niemand wird wissen, wer du bist, nicht einmal du.
Nur wir, die wir einander vergessen, werden wissen, wer du nie gewesen bist.
Selbst Möglichkeiten vergehen.
Ich weine nicht, und ich blute nicht.

Es hat meiner Tochter an nichts gefehlt. Ich habe auf Raten eine Hammondorgel gekauft, weil sie so musikalisch ist. (Schon als sie noch ganz klein war.) Sie hätte eine gute Klosterschule besuchen können, obwohl wir selbst nicht religiös sind. Na gut, sie hat sich ein Auto gewünscht, ich habe ihr ein Auto besorgt, und sie ist ohne Führerschein herumgefahren: Ich habe sie gewarnt. Die Jungs waren verrückt nach ihr; ihre Mutter hat sie sich vorgeknöpft. Sie hat mit vierzehn wie achtzehn ausgesehen, mit dieser Figur und dem schönen lockigen roten Haar. So was kriegt man nicht oft zu sehen, für gewöhnlich kommt so eine Farbe direkt aus der Tube. Ich lasse nicht zu, daß sie sich billig herausputzt. Sie könnte zum Studium an die Universität gehen oder Kosmetikerin werden. Damit ist Geld zu machen. Wenn jemand sie anrührt –

Dem ausgemergelten Grabenausheber kommen beim Graben manchmal die Tränen. Es sind die Montage, an denen sie dem Anblick ausgesetzt sind, wenn er unter dem Alkohol leidet, den ihre Religion verbietet. Sein Bruder hat in Marseille Selbstmord begangen, in der Überzeugung, daß seine Geschlechtskrankheit die Strafe dafür war, daß er Allah erzürnt hatte, weil er mit einer weißen Hure gegangen war.

Es ist Sommer rings um das leere Haus auf dem Land, das die Familie vor zwei Generationen verlassen hat. Sie können nicht wieder zurück, außer zum Picknick, wie es die Touristen tun, die mit ihrem Käse und Wein, ihren verschämten Klopapierpäckchen jedes Grundstück betreten. Es gibt keinen Strom, und Wasser nur aus einem Brunnen. Sie spritzen einmal im Jahr die alten Weinstöcke und kommen einmal im Jahr die Trauben ernten. Kühe von den benachbarten Bauernhöfen starren ihnen mit ihren Kälbern aus dem hohen Gras entgegen.
Ich lehne mich zurück in den dichten Schatten des mütterlichen Körpers, an ihre Flanken.
Für jene, die schon gelebt haben, ist ein leerstehendes Haus unvorstellbar. Sie bauen es aus dem, was die Hände des Menschen geschaffen haben: von den Ziegelsteinen, die die Leere ummauern, bis hin zu den Teppichen, die einst dort verlegt, den Vorhängen, die einst dort vorgezogen worden waren. Wie kann es da sein, daß *niemand* dort wohnt? Die hölzerne Zierleiste, die vom Dachgesims bricht, ist die

Handarbeit des Großvaters, der sie angenagelt hat. Die Jungfrau Maria unter Glas mit dem vergoldeten Spitzendeckchen als Heiligenschein ist das häusliche Glaubensbekenntnis einer Großmutter. Eine alte Zeitung ist der Blick dessen, der sie gelesen hat.

Wenn ich diesen ersten Ort räume, verlasse ich den Ort, der alle Orte vereinte. Ich lasse nichts zurück. Es wird *nichts* zurückbleiben, weil ich alles mitnehme, ich nehme es auf mich – alles, alles, jede Kleinigkeit. In meinem aufgedunsenen Geschlechtsteil, das im Verhältnis zur Körpergröße obszön wirkt, in meinem frisch in Form gepreßten Schädel, der die Samenkörner meiner Gehirnzellen enthält, in meinen winzigen Händen, die zerknittert sind wie Banknoten oder Einwanderungsdokumente. Kopf runter, schieben, drängeln, Gewalt mit Gewalt begegnen, mich hinausschleudern wie Jona aus dem keuchenden Wal, der ihn beherbergt hatte, berstende Lungen, die noch nicht geatmet haben, schwimmen auf Leben und Tod.

Ich sehe sie nicht insgeheim die Augen verschließen, ich höre sie nicht wehklagen: Es muß alles noch einmal durchgestanden werden!

Hinter mir die zerfetzte Haut meiner Verankerung. Heraufbefördert aus der Tiefe, wo kein Licht zum Sehen ist, finde ich Augen. Die uralte Sonne des Mittelmeerraums zerschellt an mir wie ein freudiges Glas, das zu Boden geworfen wird.

Ta mère fit un pet foireux et tu naquis de sa colique.

Ich fange wieder von vorn an.

Liebende in Stadt und Land

I

Dr. Franz-Josef von Leinsdorf ist ein Geologe, der völlig in seine Arbeit vertieft ist, der ganz in seinem Beruf aufgeht, wie man so sagt – Jahr um Jahr widmet er sich nur seiner Arbeit, die ihn abkapselt von den Landschaften, den Städten und den Menschen, wo immer er sich gerade aufhält, ob nun in Peru, Neuseeland oder den Vereinigten Staaten. So war er immer schon; seine Mutter zu Hause in Österreich könnte es bestätigen. Schon damals sah sie den hübschen kleinen Jungen stets nur im Profil: immer war er seinen Steinen und Felsproben zugewandt. Seine wenigen Freizeitvergnügungen haben sich seitdem kaum wesentlich geändert. Gelegentlich ein Skiurlaub, Musik hören, Gedichte lesen – Rainer Maria Rilke hatte einst in der Jagdhütte übernachtet, die seine Großmutter in den Wäldern der Steiermark hatte, und auf diese Weise war er schon als Junge sehr früh mit den Gedichten Rilkes in Berührung gekommen.
Eine Gesteinsschicht nach der anderen, von einem Land ins nächste, wo immer seine Arbeit ihn hinführen mochte – und mittlerweile war er schon fast sieben Jahre in Afrika. Erst an der Elfenbeinküste, und seit fünf Jahren nun in Südafrika. Es mangelte

hierzulande an Fachkräften, und so kam es zu seiner Einstellung. Die politischen Verhältnisse in den Ländern, in denen er arbeitet, interessieren ihn nicht. Neben seinem allgemeinen Engagement für seine Arbeit galt seine ganze private Vorliebe der Erforschung unterirdischer Wasserläufe, doch die Bergbaugesellschaft, die ihn als übergeordneten, nicht aber als leitenden Fachmann eingestellt hat, ist nur am Aufspüren von Bodenschätzen interessiert. Und so war er oft draußen im Feld – das hierzulande Veld genannt wird – auf der Suche nach neuen Gold-, Kupfer-, Platin- und Uranvorkommen. Sein Zuhause hat er hier – bei diesem Job, in diesem Land, in dieser Stadt – in einer Zweizimmerwohnung in einem Apartmentblock in den Vororten, mit einer Grünanlage und einem Supermarkt gleich gegenüber, in dem er seine Einkäufe erledigt. Er ist nicht verheiratet – noch nicht. So würden jedenfalls seine Kollegen sagen, die Tippsen und Sekretärinnen in der Hauptgeschäftsstelle der Bergbaugesellschaft. Männer wie auch Frauen würden ihn als gutaussehenden Mann bezeichnen, der etwas Fremdländisches an sich hat; und während seine untere Gesichtshälfte einen dunklen Schatten zeigt und älter wirkt (sein schmaler Mund, die Lippen leicht gekrümmt, und selbst wenn er frisch rasiert ist, sieht man die Stoppeln um Mund und Kinn herum, wie feine Schrotkörner liegen sie in die Haut eingebettet), scheint die obere Hälfte dagegen jünger, mit tiefliegenden Augen (manche würden sie grau nennen, andere schwarz), dichten Wimpern und Brauen.

Ein rätselhafter, abwesender Blick, dem man seine Konzentration, seine durchschimmernde Nachdenklichkeit leicht als Feuer und Sehnsucht auslegen konnte. Das ist es, was die Frauen in der Firma meinen, wenn sie von ihm behaupten, er sei nicht unattraktiv. Und obgleich dieser Blick vielversprechend scheint, hat er noch nie eine von ihnen eingeladen, mit ihm auszugehen. Man nimmt allgemein an, daß er wahrscheinlich zu Hause in Europa ein Mädchen hat; daß er bereits einer aus seinen Kreisen versprochen ist, die man dort, wo er herkommt, für ihn ausgewählt hat. Viele dieser gebildeten Europäer haben keineswegs die Absicht, hier seßhaft zu werden; sie können sich weder für die Überbleibsel weißer Kolonialherrschaft noch für ein idealistisches Engagement für Schwarzafrika begeistern.
Einen Vorteil zumindest bietet das Leben in halb- oder unterentwickelten Ländern: die Apartments sind bewirtschaftet. Alles, was Dr. von Leinsdorf selbst tun muß, ist Lebensmittel einkaufen und sich selbst ein Abendessen kochen, wenn er nicht ins Restaurant will. Und dazu braucht er bloß nachmittags, wenn er von der Arbeit heimkommt, auf dem Weg zwischen Auto und Wohnung kurz auf einen Sprung in den Supermarkt gegenüber. Er fährt mit dem Einkaufswagen an den Regalen entlang, und hier findet er alles aufgereiht, was er zum täglichen Leben braucht, Päckchen und Konserven, Tuben und Flaschen, folienverpacktes Fleisch, Käse, Obst und Gemüse. An der Kasse, wo die Kunden sich sammeln und der Reihe nach anstellen müssen, stehen

Regale mit allerlei kleinen Dingen, die man noch in letzter Minute kauft. Während die farbige Kassiererin die Preise in die Kasse tippt, nimmt er hier noch Zigaretten mit, ein Päckchen Salznüsse oder einen Nougatriegel. Oder Rasierklingen, wenn ihm gerade einfällt, daß sein Vorrat zu Hause zur Neige geht. An einem Abend im Winter sah er, daß der Karton mit seiner bevorzugten Klingenmarke leer im Regal stand, und er machte die Kassiererin darauf aufmerksam. Normalerweise sind diese jungen farbigen Mädchen nicht allzu hilfsbereit, sie nehmen das Geld entgegen, und die Art und Weise, wie sie die Tasten ihrer Registrierkasse drücken und mit dem Starrsinn des Halbgebildeten die Zeit totschlagen, demonstriert die Grenzen jeglicher Verantwortung dem Kunden gegenüber – doch diese hier warf einen kurzen, aufgeweckten Blick über das Rasierklingen-Sortiment, entschuldigte sich, daß sie ihren Platz an der Kasse nicht verlassen dürfe, und sagte, sie werde sich darum kümmern, daß das Regal ›bis zum nächsten Mal‹ nachgefüllt wäre. Ein oder zwei Tage später sah sie ihn bedeutungsvoll an, als er an die Reihe kam und vor ihre Kasse trat – »Ich hab' nachgefragt, aber es sind keine mehr am Lager. Sie können keine kriegen. Ich hab' mich extra erkundigt.« Er bedankte sich.

Die ganze nächste Woche war er mit dem Schürftrupp unterwegs. Freitags kam er kurz vor Einbruch der Dämmerung in die Stadt zurück, und er war gerade auf dem Weg vom Auto zur Wohnung, vollbepackt mit Aktentasche, Koffer und Reisetaschen,

als ihm jemand schüchtern in den Weg trat. Er wollte sich im Gedränge des Bürgersteigs vorbeidrücken, ohne richtig hinzuschauen, da sprach sie ihn an. »Wir haben die Klingen jetzt wieder vorrätig. Ich habe Sie diese Woche nicht im Laden gesehen, aber ich hab' Ihnen welche beiseite gelegt, bis Sie wiederkommen. Nun ...«
Jetzt erkannte er sie wieder. Er hatte sie nie zuvor aufrecht stehen sehen, und sie hatte einen Mantel an. Sie war recht klein und zierlich, für eine von ihnen. Der Mantel war ihr zu eng, doch hinten lugte kein dicker Hintern hervor. Die Kälte verlieh ihren Wangen eine warme, aprikosenfarbene Tönung; sie hatte ein sehr kleines, fein ausgeprägtes Gesicht; ihre Haut war glatt, von der gedämpften Seidenfarbe eines bestimmten gelben Holzes. Dieses krause Haar, aber zurückgekämmt zu einem kleinen Knoten, den sie unter einen der billigen Wollchignons gezwängt hatte, wie er sie zwischen den Rasierklingen im Regal des Supermarktes hatte hängen sehen. Er bedankte sich, sagte, er sei in Eile, käme gerade von einer Reise zurück – und hob zum Beweis die Lasten, die er mit sich trug. »Oh, wie schade.« Sie begriff, daß er alle Hände voll hatte. »Aber wenn Sie wollen, kann ich schnell reinlaufen und sie Ihnen holen. Wenn Sie wollen.«
Er merkte sofort, daß sie nichts weiter wollte, als zurücklaufen in den Supermarkt, die Klingen kaufen und sie ihm hier heraus auf den Bürgersteig bringen, wo er gerade stand. Und es schien aus dieser Überzeugung heraus zu kommen, als er in dem freund-

lichen, aber bestimmenden Ton, den man gegenüber einem zuvorkommenden Untergebenen anschlägt, zu ihr sagte: »Ich wohne dort drüben – im *Atlantis* – dem flachen Gebäude. Könnten Sie sie mir vorbeibringen – Nummer 718, siebter Stock ...«
Sie war nie zuvor in einem dieser großen, flachen Gebäude gewesen, die rings um den Supermarkt herum standen. Sie wohnte eine Bus- und Bahnfahrt entfernt im Westen der Stadt, doch diesseits der schwarzen Bezirke, in einem Viertel für Leute ihrer Hautfarbe. Am Eingang zum *Atlantis* war ein Teich mit echten Farnen, nicht aus Plastik, und es gab sogar einen kleinen Wasserfall, der, von einer elektrischen Pumpe betrieben, über ein paar Felsbrocken plätscherte. Sie wartete nicht auf den Lastenaufzug, sondern nahm den Lift, der für Weiße bestimmt war, und eine weiße Frau mit einem dieser fetten Köter an der Leine trat ebenfalls mit in den Aufzug, ohne Notiz von ihr zu nehmen. Die Korridore, die zu den Apartments führten, waren hübsch verglast; es zog nicht.
Er fragte sich, ob er ihr für ihre Mühe ein 20-Cent-Stück geben sollte – 10 Cents waren sonst das angemessene Trinkgeld bei einem Schwarzen; aber sie sagte »O nein, bitte, hier ...«, während sie vor seiner offenen Wohnungstür stand und ihm mit einer linkischen Handbewegung das Wechselgeld in die Hand drückte. Sie lächelte zum ersten Mal, wie sie nun würdevoll ein Trinkgeld zurückwies. Er wußte nie genau, wie er diese Leute hierzulande behandeln sollte; man wußte nie, was sie erwarteten. Trotz ihrer

peinlichen Zurückweisung des Geldstücks blieb sie stehen, in aller Bescheidenheit, die Fäuste tief in den Taschen des billigen Mantels vergraben, den sie zum Schutz vor der Kälte trug, aus der sie kam; die dünnen Beine hatte sie zusammengepreßt: Knie an Knie, Fessel an Fessel. »Darf ich Ihnen einen Kaffee oder sonst etwas anbieten?«
Er konnte sie schlecht mit in sein Arbeits- und Wohnzimmer nehmen und sie zu einem Drink einladen. Sie folgte ihm in die Küche, doch als er sah, wie sie den einzigen Stuhl hervorzog, um ihren Kaffee am Küchentisch zu trinken, sagte er: »Nein – kommen Sie doch hier herein ...«, und er ging voran ins große Zimmer, wo er ganz alleine lebte zwischen all seinen Büchern und Manuskripten, seinen Ordnern mit wissenschaftlicher Korrespondenz (und den Zigarrenkisten voller Briefmarken, die er von den Umschlägen gelöst hatte), seiner Plattensammlung und den Mineralien- und Gesteinsproben.

Ihr machte es keine große Mühe; sie ersparte ihm den Gang zum Supermarkt und brachte ihm zwei- oder dreimal in der Woche seine Lebensmittel. Er brauchte bloß eine Liste und den Schlüssel unter die Fußmatte zu legen, und die holte sie in ihrer Mittagspause ab und brachte ihm dann nach Feierabend die Einkäufe in die Wohnung. Manchmal war er zu Hause, manchmal nicht. Er kaufte eine Schachtel Pralinen und stellte sie ihr hin, mit einer kleinen Notiz; und dies fand sie offenbar ein akzeptables Zeichen seines Dankes.

Sie ließ ihre Augen über alles wandern, was es in seiner Wohnung zu sehen gab, doch mit der Haltung ihres Körpers versuchte sie das Gefühl zu vertuschen, hier fremd, gar fehl am Platz zu sein, indem sie so still wie möglich dasaß, reglos auf dem ihr angebotenen Stuhl verharrte wie der abgelegte Mantel eines Besuchers, der genau so liegenbleibt, bis ihn sein Besitzer wieder aufnimmt, wenn er geht. »Sie sammeln?«
»Nun, das sind Gesteinsproben – die brauche ich für meine Arbeit.«
»Mein Bruder hat auch gesammelt. Miniaturen. Mit Brandy und Whisky drin. Von überall her, aus allen möglichen Ländern.«
Als sie ihm das zweite Mal zuschaute, wie er die Kaffeebohnen mahlte für die Tasse Kaffee, die er ihr angeboten hatte, sagte sie: »Machen Sie das immer so? Jedesmal, wenn Sie Kaffee machen?«
»Ja, sicher. Ist er Ihnen denn nicht recht so? Ist er vielleicht zu stark?«
»Oh, es ist nur so, daß mir das völlig neu ist. Wir kaufen ihn immer fertig – in einer Flasche, wissen Sie, und man schüttet dann ein bißchen davon in die Milch oder ins Wasser.«
Er lachte, erklärte: »Das ist kein Kaffee, das ist künstliches Aroma. In dem Land, wo ich herkomme, trinkt man nur richtigen Kaffee, von frisch gemahlenen Bohnen – riechen Sie, wie gut das duftet, wenn man die mahlt?«
Der Hausmeister hielt sie an und fragte, was sie denn hier im Hause wolle? Vollbeladen mit Einkäufen, die Zeugnis genug waren, gab sie zur Antwort,

sie arbeite in Nummer 718, oben im siebten Stock. Der Hausmeister verbot ihr nicht, den Lift für Weiße zu benutzen; schließlich war sie keine Schwarze; in ihrer Familie waren alle ziemlich hellhäutig.
Auf einer seiner Einkaufslisten war ein *grauer Hosenknopf* aufgeführt. Während sie den Einkaufskorb vom Supermarkt auspackte, sagte sie: »Geben Sie mir doch grad mal schnell die Hose«, und dann nahm sie auf dem Sofa Platz, das immer voller Krümel war von seinem Pfeifentabak. Hin und her ging die Nadel durch die vier Löcher des Knopfes, und die geschickten, sicheren Bewegungen ihrer rechten Hand, mit der sie ihn annähte, hatten all die Gewandtheit, die ihre Sprache vermissen ließ. Wenn sie lächelte, sah man vorn die kleine Lücke zwischen ihren Schneidezähnen, die ihm nicht sonderlich gefiel; doch wenn man ihr Gesicht so im Halbprofil sah, die Augen niedergeschlagen, den Blick auf ihre Arbeit konzentiert, die weichen Lippen fast geschlossen, tat das nichts zur Sache. Er schaute ihr zu, wie sie nähte, sagte: »Du bist ein braves Mädchen«, und berührte sie.

Spätnachmittags brachte sie stets wieder das Bett in Ordnung, nachdem sie es verlassen hatten, zog sich an, und dann fuhr sie nach Hause. Eine Woche später gab es einen Tag, an dem aus dem späten Nachmittag schließlich Abend wurde, und sie lagen noch immer zusammen im Bett.
»Kannst du nicht über Nacht bleiben?«
»Meine Mutter«, sagte sie.

»Ruf sie an. Überlege dir eine Ausrede.« Er war fremd hier. Seit fünf Jahren war er bereits in diesem Land, aber er wußte nicht, daß die Leute dort, wo sie wohnte, normalerweise kein Telefon im Hause haben. Sie stand auf, um in ihre Kleider zu schlüpfen. Es widerstrebte ihm, diesen zarten Körper in die kalte Nacht hinausgehen zu lassen, und immer wieder versuchten seine Hände, sie davon abzuhalten, ohne daß er etwas sagte.

Bevor sie dann in den Mantel schlüpfte, als ihr Körper längst unter den Kleidern verschwunden war, sprach er. »Aber du mußt irgendeine Möglichkeit finden.«

»Oh, meine Mutter!« Auf ihrem Gesicht spiegelten sich eine Angst und eine Leere, die er sich nicht erklären konnte.

Er war nicht ganz davon überzeugt, daß die Frau ihre Tochter für eine reine, unbefleckte Jungfrau hielt...

»Warum?«

Das Mädchen sagte: »Sie wird sich Sorgen machen. Sie wird Angst haben, daß man uns erwischt.«

»Dann erzähle ihr nichts davon. Sage ihr einfach, ich hätte dich eingestellt.« In diesem Lande, in dem er hier arbeitete, gab es normalerweise unterm Dach Zimmer für die Bediensteten der Mieter.

Sie sagte: »Das habe ich bereits dem Hausmeister erzählt.«

Sie mahlte jedesmal frischen Kaffee, wenn er nachts bei seiner Arbeit eine Tasse wollte. Sie wagte nie etwas zu kochen, bevor sie ihm nicht still zugeschaut hatte, wie er es machte, und so lernte sie dann genau die kleinen Mahlzeiten zuzubereiten, die er gern mochte. Sie nahm seine Steinbrocken in die Hand, und als erstes bewunderte sie ihre Farben – »Oh, das gäbe einen schönen Ring oder eine Kette.« Dann zeigte er ihr die Linien, die Struktur jedes einzelnen Stücks, und erklärte, was es für ein Stein war und wie er sich in den langen Erdenjahren gebildet hatte. Er nannte das Mineral, das er enthielt, und seinen Verwendungszweck. Er arbeitete an seinen Manuskripten, er schrieb und schrieb, jeden Abend, und so war es nicht weiter schlimm, wenn sie nie zusammen ausgehen konnten. Sonntags stieg sie unten in der Garage im Keller zu ihm ins Auto, und sie fuhren hinaus aufs Land, zum Picknick am Megaliesberg, wo nie ein Mensch zu sehen war. Er las oder stocherte zwischen den Felsen herum; sie kletterten zusammen hinauf zu den kleinen Bergseen. Er brachte ihr das Schwimmen bei. Sie war noch nie am Meer gewesen. Sie quiekte und kreischte und ließ dabei ihre Zahnlücke sehen, ganz wie sie es wohl tat – so dachte er bei sich –, wenn sie unter ihresgleichen war. Gelegentlich kam er einer Einladung zum Dinner im Hause eines Firmenkollegen nach; sie blieb in der Wohnung, nähte und hörte Radio, und wenn er nach Hause kam, fand er ihren warmen Körper im Bett; sie war bereits eingeschlafen. Ohne ein Wort drang er in sie ein, und sie hieß ihn stumm willkommen. Einmal legte er seine Abendgarderobe an, zu einem Dinner im Konsulat seines Heimatlandes; sie schaute ihm zu, wie er ein oder zwei Haare von der Schulter des dunklen Jacketts bürstete, das ihm so gut stand, und sie sah einen großen Saal mit lauter Kronleuchtern vor sich, und die Leute tanzten irgendeinen Tanz aus einem Kostümfilm, würdevoll, einander an den Händen führend. Sie nahm an, daß er – auf ihrem Platz im Auto – eine Partnerin abholte für diesen Abend. Sie küßten sich nie, wenn einer von ihnen aus der Wohnung ging; und als er nach Zigaretten und Schlüsseln griff, hielt er plötzlich inne und sagte: »Du sollst nicht immer so einsam sein.« Und fügte hinzu: »Warum besuchst du eigentlich nicht mal deine Familie, wenn ich hin und wieder abends weg muß?«

Er hatte ihr erzählt, daß er nach Weihnachten nach Hause zu seiner Mutter zurückkehren würde, zurück zu den Wäldern und Bergen seiner Heimat, gar nicht weit von der italienischen Grenze – er zeigte es ihr auf der Karte. Sie hatte ihm nicht erzählt, daß ihre Mutter, die nur die eine Sorte Doktor kannte, annahm, er sei Arzt, und sie hatte ihr daraufhin auch von den Kindern des Arztes erzählt und von seiner Frau, die eine wirklich nette Dame war, froh darüber, daß sie jemanden hatte, der ihr sowohl in der Arztpraxis wie in der Wohnung zur Hand ging.

Sie äußerte ihr Erstaunen darüber, wie er nach einem arbeitsreichen Tag in der Firma noch bis Mitternacht oder später zu Hause am Schreibtisch sitzen konnte. Wenn sie von ihrer Registrierkasse im

Supermarkt nach Hause kam, war sie so müde, daß sie nach dem gemeinsamen Abendbrot kaum noch die Augen offenhalten konnte. In Worten, die sie verstand, erklärte er ihr, daß ihre Arbeit eintönig war und kaum wirklich ihre Intelligenz forderte, daß sie nur geringer geistiger und körperlicher Anstrengungen bedurfte, und ihr daher ein Erfolgserlebnis fehlte – wohingegen seine Arbeit auch zugleich das war, was ihn selbst am meisten interessierte, daß sie seine geistigen Fähigkeiten bis an die Grenzen ausschöpfte, all seine Konzentration erforderte und ihn immer wieder mit neuen aufregenden Problemstellungen konfrontierte, und ihn dann ebenso mit Freude und Genugtuung erfüllte, wenn ein Problem gelöst war. Später, als er seine Aufzeichnungen beiseite legte, fragte er in die Stille hinein: »Hast du schon mal was anderes gearbeitet?« – »Vorher habe ich in einer Kleiderfabrik gearbeitet«, antwortete sie, »Sportbeau-Hemden, kennt du die? Aber im Supermarkt zahlen sie besser.«
Natürlich. Er war, ganz gleich in welchem Lande er sich aufhielt, ein gewissenhafter Zeitungsleser, und so war ihm nicht entgangen, daß dem Einzelhandel hierzulande erst vor kurzem genehmigt worden war, als Ladenpersonal auch Farbige einzustellen; somit war der Platz an einer Registrierkasse durchaus als Fortschritt zu werten. Und vielleicht konnte ein Mädchen wie sie, bei dem weiterhin anhaltenden Mangel an angelernten weißen Arbeitskräften, durchaus ein paar Stufen höher aufrücken in der Angestelltenkarriere. Er brachte ihr bei, wie

man Schreibmaschine schreibt. Er war sich darüber im klaren, daß ihr Englisch nicht das beste war, auch wenn es sich in seinen Ohren – als Ausländer – nicht allzu schlimm anhörte und sie nicht gleich abklassifizierte, wie es das in den Ohren von jemand seines Bildungsniveaus tun mochte, dessen Muttersprache Englisch war. Er korrigierte ihre grammatikalischen Fehler, doch entgingen ihm die weniger auffälligen, weil sein eigenes Englisch selbst oft exotisch genug war – und sie fuhr fort, auch weiterhin das Pronomen »es« zu benutzen, wo eigentlich der Plural »sie« hingehörte. Weil er selbst Ausländer war (wenn auch ein sehr kluger, wie sie merkte), war sie beim Tippen weniger gehemmt, wie sie es sonst bei ihren Rechtschreibfehlern gewesen wäre. Während sie so an der Schreibmaschine saß, stellte sie sich vor, wie sie ihm eines Tages seine Manuskripte abtippen würde, wie sie ihm dann seinen Kaffee so machte, wie er ihn gern hatte, und ihn in ihren Körper aufnahm, ohne ein Wort zu sagen, und wie sie (wenn auch nur sonntags, wenn niemand auf der Straße war) in seinem Auto neben ihm saß wie eine richtige Ehefrau.

An einem Sommerabend kurz vor Weihnachten – er hatte bereits eine Uhr für sie gekauft, ein etwas auffälliges, doch gutes Stück, von dem er annahm, daß es ihr gefiel – ertönte ein lautes Klopfen an der Tür, das sie aus dem Badezimmer lockte und ihn an seinem Schreibtisch hochfahren ließ.

Es kam nie vor, daß sie abends jemand besuchte; er

hatte keine Freunde, die ihm nahe genug standen, um unangemeldet vorbeizukommen. Es war ein anmaßendes Klopfen, ohne Pause, und es klang ganz so, als würde es nicht eher aufhören, bis man die Tür öffnete.

Sie stand in der offenen Badezimmertür und starrte ihn über den Durchgang zum Wohnzimmer hinweg an; hinter dem großen Badetuch schauten ihre nackten Schultern und Füße hervor. Kein Wort, nicht einmal ein Flüstern kam über ihre Lippen. Unter dem lauten, anhaltenden Hämmern an der Tür schien die ganze Wohnung zu erzittern.

Schließlich machte er eine Bewegung, als wolle er zur Tür gehen, aber nun rannte sie auf ihn zu und packte ihn mit festem Griff an beiden Armen. Sie schüttelte wild mit dem Kopf, ihre Lippen teilten sich, doch die Zähne hatte sie fest aufeinandergebissen, sie sagte kein Wort. Sie zog ihn ins Schlafzimmer, schnappte sich flugs ein paar Kleidungsstücke von der frischen Wäsche, die auf dem Bett ausgebreitet war, und stieg in den Wandschrank, drückte ihm den Schlüssel in die Hand. Obwohl er spürte, wie seine Arme und Waden kalt und gefühllos waren vor Schreck, war er doch entsetzt und fassungslos, ja angewidert von dem Anblick, wie sie sich da hinter seinem Mantel und seinen Anzügen zusammenkauerte; es war abscheulich und lächerlich zugleich. *Komm raus!* flüsterte er. *Nein, komm raus da!*

Sie zischte: *Wohin? Wo soll ich denn hin?*

Egal! Aber komm raus da!

Er streckte die Hand aus, um nach ihr zu greifen. In

die Enge getrieben, sagte sie mit einem grauenvollen, gehetzten Flüstern, wobei man ihr Zahnlücke sehen konnte: *Ich springe aus dem Fenster.*
Sie preßte ihm den Schlüssel in die Hand, als sei es ein Messergriff. Er schlug ihr die Tür vor der Nase zu, schloß den Schrank ab und ließ den Schlüssel zu dem Kleingeld in seiner Hosentasche fallen.
Er nahm die Sperrkette ab, mit der die Wohnungstür gesichert war. Er drehte den kantigen Knopf des Yale-Schlosses herum. Die drei Polizeibeamten, zwei von ihnen in Zivil, standen ohne alle Eile da, obwohl sie bereits ein paar Minuten lang an die Tür gehämmert hatten. Der große dunkle mit dem raffinierten Schnurrbart streckte eine Hand aus, an der er einen geflochtenen goldenen Ring trug, und hielt ihm irgendeinen Ausweis hin.
Dr. von Leinsdorf spürte, wie allmählich wieder das Blut in seinen Armen und Beinen zirkulierte, und er sagte mir ruhiger Stimme: »Worum geht es?«
Der Sergeant sagte, sie wüßten, daß sich eine Farbige in der Wohnung aufhielte. Sie seien über alles im Bilde. »Ich beobachte diese Wohnung jetzt schon seit drei Wochen, ich weiß Bescheid.«
»Ich bin alleine her.« Dr. von Leinsdorf sagte es, ohne den Ton seiner Stimme zu heben.
»Ich weiß Bescheid, ich weiß genau, wer da ist. Kommen Sie –« Und der Sergeant und seine beiden Begleiter gingen ins Wohnzimmer hinein, in die Küche, ins Badezimmer (hier nahm der Sergeant eine Flasche After Shave in die Hand, schien das französische Etikett zu studieren) und ins Schlaf-

zimmer. Die beiden Zivilen schoben die frische Decke zurück, zogen die Laken ab und trugen sie zu dem Sergeanten, die sie unter der Lampe inspizierte. Sie unterhielten sich in Afrikaans, das der Doktor nicht verstand. Der Sergeant schaute persönlich unter das Bett, hob die langen Vorhänge am Fenster in die Höhe. Die Türen am Wandschrank waren ohne Griff; er merkte, daß sie abgeschlossen waren, und fragte erst in Afrikaans, wechselte dann höflicherweise zu Englisch: »Geben Sie uns den Schlüssel.«

Dr. von Leinsdorf sagte: »Es tut mir leid, aber ich habe ihn in meinem Büro liegen lassen – ich schließe morgens immer ab und nehme den Schlüssel mit ins Büro.«

»Es hilft alles nichts, Mann, Sie geben mir besser den Schlüssel.«

Er lächelte knapp, nicht übertrieben. »Er liegt auf meinem Schreibtisch im Büro.«

Die beiden Zivilen holten einen Schraubenzieher hervor, und er schaute zu, wie sie ihn in den Schlitz zwischen den Schranktüren schoben, ihm einen kurzen, kräftigen, nicht allzu heftigen Ruck gaben. Er hörte, wie das Schloß nachgab.

Gewiß, sie war splitternackt gewesen, als sie an die Tür gehämmert hatten. Doch nun hatte sie ein Paar Jeans an, und ein langärmeliges T-Shirt mit einem aufgenähten Schmetterling auf der einen Brust. Ihre Füße waren noch immer nackt; zwar war es ihr in dem dunklen Schrank gelungen, in die Kleider hineinzuschlüpfen, die sie hastig vom Bett gerafft hatte, doch sie war ohne Schuhe. Es war anzunehmen, daß sie hinter der Schranktür geweint hatte (man sah fleckige Spuren auf ihren Wangen), doch nun war ihre Miene düster, sie atmete schwer; ihr Bauchfell zuckte unkontrolliert, unter dem Stoff des T-Shirts hoben sich ihre Brüste ab. Es sah aus, als sei sie wütend; vielleicht kam es auch bloß daher, daß sie unter Sauerstoffmangel litt, weil sie halb erstickt war in dem engen Schrank. Sie schaute Dr. von Leinsdorf nicht an. Auf die Fragen des Sergeants gab sie keine Antwort.

Sie wurden zum Polizeirevier gebracht, wo man sie sofort trennte und nacheinander zur Untersuchung durch den Amtsarzt führte. Man nahm dem Mann die Unterwäsche ab und untersuchte sie, wie zuvor schon die Bettlaken, auf Spermaspuren. Bei der Entkleidung des Mädchens entdeckte man, daß sie unter ihren Jeans eine Männerunterhose trug, auf deren ordentlich eingenähtem Wäscheschild sein Name stand; in der Eile hatte sie die falsche Unterwäsche mit in ihr Versteck genommen.

Jetzt weinte sie, als sie in einer Männerunterhose vor dem Amtsarzt stand.

Er sah höflich darüber hinweg. Er reichte Unterhose, Jeans und T-Shirt zur Tür hinaus und gab ihr ein Zeichen, auf den hohen, weißen Tisch zu steigen, wo er dann ihre Schenkel auseinanderschob und sie auf Beinstützen legte; und dort, wo der andere so behutsam und voller Wärme eingedrungen war, steckte er ein kaltes, hartes Instrument hinein, das sich immer weiter öffnete. Ihre Schenkel und die

Knie zitterten unkontrolliert, während der Arzt in sie hineinschaute und sie tief innendrin mit weiteren harten Instrumenten berührte, an denen vorne kleine Wattebäusche dran waren.
Als sie von der Untersuchung zurück ins Vernehmungszimmer kam, war Dr. von Leinsdorf nicht zu sehen; sie mußten ihn woanders hingeführt haben. Den Rest der Nacht verbrachte sie in einer Zelle, wie er wahrscheinlich auch; doch früh am nächsten Morgen wurde sie entlassen und von einem weißen Mann zum Hause ihrer Mutter gebracht, der ihr erklärte, er sei der Sekretär des Rechtsanwaltes, den Dr. von Leinsdorf für sie engagiert habe. Dr. von Leinsdorf, sagte der Sekretär, habe man ebenfalls an diesem Morgen gegen Kaution freigelassen. Er sagte nichts davon, wann oder ob sie ihn jemals wiedersehen würde.
Als sie und der Mann vor Gericht standen, angeklagt wegen Verstoßes gegen das Sittlichkeitsgesetz, begangen in einer Johannesberger Wohnung am – –. Dezember 19 – –, wurde dem Gericht eine Aussage des Mädchens übergeben, die es bei der polizeilichen Vernehmung gemacht hatte. *Ich wohnte mit dem weißen Mann zusammen in seiner Wohnung. Er hatte ab und zu Geschlechtsverkehr mit mir. Er gab mir Tabletten zum Einnehmen, damit ich nicht schwanger wurde.*
Als sie von den Sonntagsblättern interviewt wurde, sagte das Mädchen: »Es tut mir leid für all den Kummer, den es meiner Mutter brachte.« Sie sagte, daß sie eines von neun Kindern einer Waschfrau sei.

Sie hatte nach der dritten Klasse die Schule verlassen, weil zu Hause kein Geld übrig war für Turnsachen oder einen Schulblazer. Sie hatte in einer Fabrik als Maschinennäherin gearbeitet und als Kassiererin in einem Supermarkt. Dr. von Leinsdorf hatte ihr beigebracht, seine Manuskripte abzutippen.
Dr. Franz-Josef von Leinsdorf, der als Enkel einer Baronin beschrieben wurde, ein kultivierter Mann, dessen Arbeitsfeld die internationale mineralogische Forschung war, sagte, daß er zwar soziale Rangunterschiede zwischen Menschen akzeptiere, doch sei er der Meinung, daß diese nicht gesetzlich verankert werden dürften. »Sogar in meiner Heimat ist es schwer für einen Menschen aus der Oberschicht, jemanden aus der Unterschicht zu heiraten.«
Die beiden Angeklagten machten keine Aussagen. Weder grüßten sie sich, noch sprachen sie vor Gericht miteinander. Die Verteidigung führte an, daß die Beweisgründe, die der Sergeant für ihr Zusammenleben vorbrachte, nur auf Gerüchten basierten (Die Frau mit dem Dackel? Der Hausmeister?). Sie wurden beide freigesprochen, weil der Staatsanwalt nicht nachweisen konnte, daß am Abend des – –. Dezember 19– – ein Geschlechtsverkehr stattgefunden hatte.
Die Sonntagsblätter zitierten die Mutter des Mädchens, von der auch ein Bild abgedruckt wurde: »Ich werde nie wieder zulassen, daß meine Tochter als Dienstmädchen für einen weißen Mann arbeitet.«

II

Solange sie noch klein sind, spielen die Farmkinder immer zusammen, doch wenn die weißen Kinder erst einmal weg ins Internat gehen, spielen sie schon bald nicht mehr miteinander, auch nicht in den Ferien. Zwar bekommen auch die schwarzen Kinder eine Art Schulunterricht, doch bleiben sie Jahr um Jahr weiter hinter den Leistungen der weißen Kinder zurück. All das kindliche Vokabular, das Erforschen der abenteuerlichen Möglichkeiten, die Dam, Koppies, Mealie Lands und Veld den Kindern bieten – es kommt die Zeit, da lassen die weißen Kinder all das hinter sich und vertauschen es mit dem Vokabular des Internats und den Möglichkeiten der Schulwettkämpfe und der Art Abenteuer, die man im Kino sieht. Das geschieht dann passenderweise gerade im Alter von 12 oder 13, so daß die schwarzen Kinder, neben den körperlichen Veränderungen, die alle von ihnen durchmachen, auch gleich schon beim Eintritt ins jugendliche Alter ohne viel Aufhebens zu der Erwachsenen-Anrede überwechseln und ihre alten Schulkameraden nun mit Missus oder Baasie titulieren – was soviel heißt wie kleiner Herr.

Das Verhängnisvolle war, daß Paulus Eysendyck gar nicht zu bemerken schien, daß Thebedi, die man stets an den abgelegten Kleidern seiner Schwestern erkannte, jetzt einfach nur eines von vielen Farmkindern unten im Kral war. Als er in den ersten Weihnachtsferien nach Hause kam, brachte er Thebedi eine bemalte Schatulle mit, die er in der Schule im Werkunterricht gebastelt hatte. Er mußte sie ihr heimlich geben, weil er nichts hatte für all die anderen Kinder im Kral. Und bevor er wieder zurückkehrte ins Internat, gab sie ihm ein Armband, das sie aus dünnem Messingdraht und den grauweißen Rizinusbohnen gemacht hatte, die ihr Vater anbaute. (Als sie noch zusammen spielten, war sie es gewesen, die ihm gezeigt hatte, wie man aus Ton kleine Zugochsen formt für ihre Spielzeuggespanne.) Unter den Jungen war es sehr beliebt, auch in den Platteland-Städten wie jener, wo er im Internat war, neben der Armbanduhr noch Armbänder aus Elefantenhaar und ähnlichem zu tragen; seines wurde allgemein bewundert, und seine Freunde baten ihn darum, auch ihnen solch ein Armband zu besorgen. Er sagte, die Eingeborenen auf der Farm seines Vaters würden sie machen, und er wolle es versuchen.

Als er fünfzehn war und einsachtzig groß, als er mit den Mädchen von dem Pensionat in der gleichen Stadt auf den Schulfesten herumzog und bereits gelernt hatte, wie man neckt und flirtet und auch ganz ungeniert herumschmust mit diesen Mädels, deren Väter ebenso wohlhabende Farmer waren wie der seine; als er bei einer Hochzeitsfeier auf einer Nachbarfarm, zu der ihn seine Eltern mitgenommen hatten, sogar auch schon eine kennengelernt hatte, die ihn in einem verschlossenen Lagerraum das mit ihr tun ließ, was die Leute immer machen, wenn sie sich lieben – als er nun schon so weit von seiner Kindheit entfernt war, brachte er dennoch aus einem Laden in der Stadt für das schwarze Mädchen Thebedi einen roten Plastikgürtel und ein Paar goldene Ohrreifen mit. Ihrem Vater erzählte sie, die Missus hätte sie ihr zur Belohnung für eine Arbeit geschenkt – es stimmte, daß man sie bisweilen zur Aushilfe ins Farmhaus holte. Den Mädchen erzählte sie, sie hätte einen Schatz; weit, weit weg auf einer anderen Farm, und sie kicherten und neckten und bewunderten sie. In dem Kral gab es einen Jungen namens Njabulo, der sagte, er wünschte, er hätte das Geld, um ihr einen Gürtel und Ohrringe zu kaufen.

Als der Sohn des Farmers die Ferien über zu Hause war, wanderte sie weitab vom Kral, fern ihrer Gefährten dahin. Auch er ging stets allein spazieren. Sie hatten sich nicht verabredet, es war ein Verlangen, dem jeder aus eigenen Stücken folgte. Schon von weitem sah er, daß sie es war. Und sie wußte, daß sein Hund nie bellte, wenn sie sich näherte. Unten an dem ausgetrockneten Flußbett, dort wo die Kinder eines großen Tages vor fünf oder sechs Jahren einen Leguan gefangen hatten – eine Kreatur, die auf ideale Weise die Größe und den Schrekken eines Krokodils mit der Harmlosigkeit einer Eidechse in sich vereinte –, ließen sie sich Seite an Seite auf der sandigen Uferböschung nieder. Er erzählte ihr davon, was er auswärts erlebt hatte: von der Schule und vor allem von den Strafen, die es dort setzte, wobei er ebenso die Schwere der Strafen übertrieb wie seine Gleichgültigkeit ihnen gegenüber. Er erzählte ihr von der Stadt Middleburg, in der sie nie gewesen war. Sie hatte ihm selbst nichts zu erzählen, doch wie jeder gute Zuhörer spornte sie ihn mit Fragen an. Während er sprach, zerrte und drehte er an den Wurzeln des weißen Stinkbaumes und der Kapweiden, die rundum aus der ausgewaschenen Erde ragten. Hier unten war für die Kinder schon immer ein beliebter Platz zum Spielen gewesen, im Gewirr der alten, ameisenzerfressenen Bäume, die halb umgestürzt zwischen den gesunden hingen, im wilden Asparagus, der um die Stämme wucherte, mit einem Feigenkaktus hier und da, der sich saftlos am Leben hielt bis zur nächsten Regenzeit, borstig und verschrumpelt wie das Gesicht eines alten Mannes. Während sie ihm lauschte, stocherte sie mit einem spitzen Stock immer wieder in der trockenen Haut eines Feigenkaktus. Oft mußte sie lachen bei dem, was er ihr erzählte, und manchmal ließ sie ihr Gesicht auf die Knie sinken, ließ die kühle, schattige Erde zu ihren Füßen teilhaben an ihrem Vergnügen. Wenn er auf der Farm war, zog sie immer ihre einzigen Schuhe an – weiße Sandalen, gegen den Farmstaub dick mit weißer Schuhcreme eingeschmiert –, doch hier am Flußbett hatte sie sie ausgezogen und beiseite gelegt.

An einem Nachmittag im Sommer, als es heiß war und dort Wasser floß, watete sie hinein, wie sie es einst als Kinder getan hatten, ihr Kleid hatte sie sittsam hochgerafft und in die Hose gesteckt. Die Schulmädchen, mit denen er immer an den Stauseen und an den Teichen der Nachbarfarmen schwimmen ging, trugen Bikinis, doch nie hatte ihn der Anblick ihrer Bäuche und Schenkel, die im Sonnenlicht glitzerten, das fühlen lassen, was er jetzt fühlte, als das Mädchen die Uferböschung heraufkam und sich neben ihn setzte; und die Wassertropfen, die von ihren dunklen Beinen perlten, waren die einzigen Lichtpunkte hier in diesem düsteren, schattigen Winkel, wo es nach Erde roch. Sie hatten keinerlei Angst voreinander, hatten einander schon immer gekannt; und er tat mit ihr das, was er damals in dem Lagerraum bei dem Hochzeitsfest gemacht hatte, und dieses Mal war es so schön, so schön, er war ganz überrascht ... auch sie war überrascht – er sah es auf ihrem Gesicht, das eins war mit dem Schatten, in diesen großen dunklen Augen, die wie weiches Wasser glänzten und ihn aufmerksam anblickten: so wie einst, als sie miteinander über ihre kleinen Ochsengespanne aus Ton gebeugt saßen, wie damals, als er ihr davon erzählte, wie er immer übers Wochenende in der Schule nachsitzen mußte.

Im Laufe dieser Sommerferien gingen sie noch oft hinunter zum Flußbett. Sie trafen sich, kurz bevor die Dämmerung hereinbrach, was sehr schnell geht in dieser Gegend, und wenn es dann dunkel war, kehrte jeder wieder nach Hause zurück – sie zur Hütte ihrer Mutter, er zum Farmhaus –, gerade rechtzeitig zum Abendbrot. Er erzählte ihr nichts mehr über die Schule oder die Stadt. Sie fragte ihn nicht mehr danach. Er sagte ihr jedesmal, wann sie sich wieder treffen würden. Ein- oder zweimal blieben sie bis zum frühen Morgen; das Muhen der

Kühe, die zur Weide getrieben wurden, drang herüber zu ihnen, wo sie lagen, und das wortlose Erkennen dieses Klanges, das ein jeder dem anderen an den Augen ablesen konnte, trieb die eng aneinander Geschmiegten auseinander.
In der Schule war er allgemein beliebt. Er spielte erst in der zweiten, dann in der ersten Fußballmannschaft. Es hieß, die Schulsprecherin der Mädchenschule sei in ihn verknallt; er mochte sie nicht besonders, aber es gab da eine hübsche Blondine, die ihr langes Haar zu einer Art Knoten hochgesteckt trug, mit einer schwarzen Schleife drum herum, und mit ihr zusammen ging er immer ins Kino, wenn die Jungen und Mädchen samstagnachmittags schulfrei hatten. Schon als Zehnjähriger war er auf der Farm mit Traktoren und ähnlichem gefahren, und als er achtzehn war, machte er dann seinen Führerschein, und im letzten Schuljahr führte er in den Ferien die Nachbarstöchter aus zum Tanz oder in das Autokino, das gerade zwanzig Kilometer von der Farm entfernt aufgemacht hatte. Seine Schwestern waren bereits alle verheiratet, und wenn seine Eltern übers Wochenende die jungen Ehefrauen und die Enkelkinder besuchten, überließen sie die Farm solange seiner Obhut.
Wenn Thebedi samstagnachmittags sah, wie der Farmer mit seiner Frau davonfuhr, den Kofferraum des Mercedes vollbeladen mit frisch geschlachtetem Geflügel und mit Gemüse aus dem Garten, dessen Pflege zur Arbeit ihres Vaters gehörte, dann wußte sie, daß sie nicht zum Flußbett, sondern zu dem

Farmhaus kommen mußte. Es war ein altes Gebäude, mit dicken Mauern, und innen war es düster und kühl. Die Küche war stets voller Leben, sie war der Mittelpunkt, mit ihren Dienstboten, Speisevorräten, bettelnden Katzen und Hunden, überkochenden Töpfen, frischer Wäsche, die vor dem Bügeln in der Wärme aufgehängt wurde, und der großen Kühltruhe, die die Missus hatte aus der Stadt kommen lassen, mit einem gehäkelten Deckchen obenauf und einer Vase mit Schwertlilien aus Plastik. Das Eßzimmer aber, in dem der schwere Tisch mit den klobigen Beinen stand, hinter dessen Tür stets der alte, satte Geruch nach Suppe und Tomatensoße hing, war verschlossen. Im Wohnzimmer waren die Vorhänge vorgezogen, der Fernseher stand still in seiner Ecke. Die Tür zum Elternschlafzimmer war abgeschlossen, und in den Zimmern, wo früher die Töchter geschlafen hatten, waren die Betten mit Plastiktüchern abgedeckt. Dort, in einem von diesen, verbrachten sie und der Farmersohn oft die ganze Nacht – fast, denn sie mußte fort, bevor die Dienstboten, die sie ja kannten, bei Tagesanbruch ins Haus kamen. Er hatte Angst, daß man sie oder Spuren von ihr entdeckte, wenn er sie mit in sein eigenes Schlafzimmer nahm, obwohl sie dort schon oft hineingeschaut hatte, wenn sie im Farmhaus aushalf, und sie kannte sie gut, die Reihe der silbernen Pokale, die er in der Schule gewonnen hatte.

Als sie achtzehn war und der Sohn des Farmers neunzehn, als er gerade seinem Vater auf der Farm aushalf, bevor er aufs College ging, um Veterinärmedizin zu studieren, hielt der junge Njabulo bei ihrem Vater um ihre Hand an. Die Eltern Njabulos trafen sich mit den ihren, und man einigte sich über die Summe Geldes, die er anstelle der Kühe zu zahlen hatte, welche man nach altem Brauch den Eltern der zukünftigen Braut geben mußte. Kühe konnte er keine bieten; er war Arbeiter auf der Eysendyck-Farm wie ihr Vater. Ein aufgeweckter Junge; der alte Eysendyck hatte ihm das Mauern beigebracht und setzte ihn bei Bauarbeiten ein, wenn es hier und dort auf der Farm etwas auszubessern gab. Sie erzählte dem Farmersohn nichts davon, daß ihre Eltern sie verheiraten wollten. Und sie sagte ihm auch nicht, daß sie ein Baby erwartete, bevor er zum ersten Semester ans College fuhr. Zwei Monate nach ihrer Hochzeit mit Njabulo brachte sie eine Tochter zur Welt. Dies war keine Schande; bei ihrem Volk ist es Brauch, daß sich der junge Bräutigam vor der Hochzeit vergewissert, ob seine Auserwählte auch nicht unfruchtbar ist, und so hatte Njabulo damals mit ihr geschlafen. Aber das Kind hatte eine ziemlich helle Haut, die auch nicht gleich nachdunkelte, wie es sonst bei afrikanischen Babys meist der Fall ist. Schon bei seiner Geburt hatte es diesen glatten, feinen Flaum auf dem Kopf, der jenem ähnelte, den die Flugsamen eines bestimmten Unkrauts trugen, das draußen auf dem Felde wuchs. Als es seine kleinen Augen aufmachte, waren sie grau, mit gelben Flecken. Njabulos Haut hatte die matte, dunkle Farbe von Kaffeesatz, die schon immer schwarz genannt wurde; dieselbe Farbe wie auch Thebedis

Beine, auf der das herabperlende Wasser bläulich schimmerte wie Austernmuscheln, wie ihr Gesicht, in dem die schwarzen Augen dominierten, mit ihrem hellen Weiß, ihrem aufgeweckten Blick.

Njabulo beklagte sich nicht. Er ging zu dem indischen Laden und kaufte für Thebedis Baby von dem Lohn, den er als Farmarbeiter bekam, eine Klarsichtpackung mit einer rosa Plastikbadewanne, sechs Windeln, ein Kärtchen Sicherheitsnadeln, ein Strickjäckchen, Mütze und Stiefelchen, ein Kleid und eine Dose Johnson's Babypuder.

Als es zwei Wochen alt war, kam Paulus Eysendyck über die Ferien vom Veterinärcollege nach Hause. In der Küche seiner Mutter, der vertrauten Umgebung seiner Kindheit, trank er ein Glas frische, noch warme Milch, und er hörte, wie sie mit der alten Dienstmagd darüber sprach, wo man jetzt wohl eine neue Aushilfe finden konnte, nachdem Thebedi ein Baby bekommen hatte. Das erste Mal, seit er ein kleiner Junge war, ging er bis in den Kral hinein. Es war elf Uhr morgens, die Männer waren bei der Arbeit auf dem Feld. Er schaute sich suchend um; die Frauen wandten sich ab, keine von ihnen wollte nach dem Weg zu Thebedis Haus gefragt werden. Da erschien Thebedi, langsam kam sie aus der Hütte heraus, die Njabulo nach der Art des weißen Mannes erbaut hatte, mit einem Ofenrohr als Abzug und einem richtigen Glasfenster, das so gerade eingesetzt war, wie das bei einer Wand aus ungebrannten Lehmziegeln eben ging. Sie grüßte ihn mit aneinandergelegten Händen und einer symbolischen

Geste, die den respektvollen Knicks andeutete, mit der sie sonst seinem Vater oder seiner Mutter gegenübertrat. Er zog den Kopf ein und trat durch den niedrigen Eingang in die Hütte. Er sagte: »Ich will es sehen. Zeig es mir.«
Sie hatte das Bündel vom Rücken genommen, bevor sie hinausging ans Tageslicht, ihm gegenübertrat. Sie zwängte sich zwischen das eiserne Bettgestell, auf dem Njabulos karierte Decken lagen, und den kleinen Holztisch, auf dem die rosa Plastikbadewanne zwischen dem Essen und den Kochtöpfen stand, und hob das kleine Bündel aus dem behaglich ausgeschlagenen Pappkarton, in dem es lag. Das Kind schlief; sie entblößte sein verschlossenes, bleiches, plumpes kleines Gesicht, an dessen Mundwinkel eine Speichelblase hing; und die dünnen rosa Händchen begannen sich zu regen. Sie nahm die Wollmütze ab, und das glatte, feine Haar flog wie elektrisiert hoch, hier und da konnte man eine blonde Strähne sehen. Er sagte nichts. Sie schaute ihn an wie damals, als sie noch klein waren und die Kinder beim Spielen das Getreide zertrampelt oder sonst etwas angestellt hatten, und er dann als Sohn des Farmers, der einzige Weiße unter ihnen, beim Farmer ein gutes Wort für sie einlegen mußte. Sie weckte das schlafende Gesicht, indem sie es sanft mit dem Finger an der Backe kraulte, und ganz langsam öffneten sich die kleinen Augen, sahen nichts, schliefen noch, erwachten und wurden größer, blickten sie an, graue Augen mit gelben Flekken, ganz wie seine nußbraunen Augen.

Einen Moment lang war sein Gesicht verzerrt vor Wut und Selbstmitleid, kämpfte er mit den Tränen. Sie brachte es nicht fertig, die Hand nach ihm auszustrecken. Er sagte: »Du bist noch nicht damit in der Nähe des Hauses gewesen?«

Sie schüttelte den Kopf.

»Wirklich nicht?«

Wieder schüttelte sie den Kopf.

»Nimm es nicht mit nach draußen. Bleib damit hier im Haus. Kannst du es denn nicht irgendwohin bringen. Du mußt es jemandem geben...«

Sie ging mit ihm zur Tür.

Er sagte: »Ich werde sehen, was ich mache. Ich weiß es noch nicht.« Und dann sagte er: »Ich könnte mich umbringen.«

Ihre Augen begannen zu glänzen, füllten sich mit Tränen. Einen Augenblick lang überkam sie beide ein Gefühl wie damals, als sie zusammen unten am Flußbett waren.

Er ging hinaus.

Zwei Tage später, als sein Vater und seine Mutter den Tag über weggefahren waren, tauchte er wieder auf. Die Frauen waren auf den Feldern beim Unkrautjäten, eine Gelegenheitsarbeit, der sie den Sommer über nachgingen; nur die ganz alten blieben zurück, sie hockten vor den Hütten auf dem Boden, in der prallen Sonne, umgeben von Fliegen. Thebedi bat ihn nicht herein. Dem Kind ging es nicht gut; es litt an Durchfall. Er fragte, wo seine Nahrung sei. Sie sagte: »Es bekommt die Milch von mir.« Er ging in Njabulos Haus hinein, wo das Kind lag; sie folgte ihm nicht, blieb vor der Hütte stehen und schaute, ohne es recht wahrzunehmen, einem alten Weib zu, das wirr im Kopf war und mit sich selbst sprach und mit den Hühnern, die keine Notiz von ihm nahmen.

Sie glaubte, ein leises Grunzen aus der Hütte zu vernehmen, wie es kleine Kinder von sich geben, wenn sie satt sind oder tief schlafen. Wie lange es dauerte, wußte sie nicht, doch nach einer Weile kam er wieder heraus und stapfte davon, ganz wie sein Vater, und verschwand in Richtung des Farmhauses.

In dieser Nacht wurde das Baby nicht gefüttert, und obwohl sie Njabulo immer wieder versicherte, es schliefe, sah er am nächsten Morgen, daß es tot war. Er tröstete sie mit Worten, streichelte sie. Sie weinte nicht, saß nur da und starrte zur Tür. Ihre Hände waren kalt wie tote Hühnerkrallen, als er sie berührte.

Njabulo begrub das Baby dort, wo auch die Farmarbeiter immer bestattet wurden, auf dem Platz draußen im Feld, den der Farmer ihnen überlassen hatte. Einige der Grabhügel waren ohne jede Markierung der Witterung überlassen, andere hatte man mit Steinen bedeckt, und bei manchen lagen umgestürzte Holzkreuze. Er wollte ein Kreuz machen, doch bevor er damit fertig war, kam die Polizei, öffnete das Grab und nahm das tote Baby mit: Jemand – einer der Farmarbeiter? Ihre Frauen? – hatte gemeldet, daß das Baby fast weiß war, kräftig und gesund, und daß es nach einem Besuch des

jungen Farmers ganz plötzlich gestorben war. Die pathologische Untersuchung wies auf Darmverletzungen hin, die nicht unbedingt auf eine natürliche Todesursache schließen ließen.
Zum ersten Mal fuhr Thebedi in die Stadt, in der Paulus zur Schule gegangen war, um ihre Aussage bei der Voruntersuchung zu machen, mit der die Mordanklage gegen ihn vorbereitet wurde. Sie weinte hysterisch im Zeugenstand, sagte ja, ja (die goldenen Ohrreifen pendelten hin und her), sie habe gesehen, wie der Angeklagte eine Flüssigkeit in den Mund des Babys geschüttet habe. Sie sagte, er habe ihr gedroht, sie zu erschießen, wenn sie jemandem davon erzählte.
Über ein Jahr verging, bis in der gleichen Stadt das Gerichtsverfahren eröffnet wurde. Als sie den Gerichtssaal betrat, hatte sie ein neugeborenes Baby auf dem Rücken. Sie trug goldene Ohrreifen; sie gab sich gefaßt, sagte, daß sie nicht gesehen habe, was der weiße Mann im Hause tat.
Paulus Eysendyck sagte aus, daß er zwar die Hütte aufgesucht, jedoch nicht das Kind vergiftet habe.
Die Verteidigung bestritt nicht, daß zwischen dem Angeklagten und dem Mädchen ein Liebesverhältnis bestanden hatte, oder daß es zum Geschlechtsverkehr gekommen war, warf aber ein, daß es keinen Beweis dafür gab, daß der Angeklagte der Vater des Kindes sei.
Der Richter teilte dem Angeklagten mit, daß ein schwerer Verdacht gegen ihn vorläge, aber daß es nicht genügend Beweise dafür gäbe, daß er das Ver-

brechen begangen habe. Die Aussage des Mädchens konnte das Gericht nicht anerkennen, denn es war offensichtlich, daß sie entweder in der Verhandlung oder bei der Voruntersuchung einen Meineid geleistet hatte. Das Gericht kam zu der Überlegung, daß sie womöglich als Komplizin zu betrachten war; doch auch hierfür gab es nicht genügend Beweise.
Der Richter lobte das ehrenhafte Verhalten des Ehemannes (der mit der braungelb karierten Golfmütze im Gerichtssaal saß, die er nur sonntags trug), der seine Frau nicht verstoßen habe und »von seinem kargen Einkommen sogar Kleidung kaufte für das unglückliche Kind«.
Das Urteil für den Angeklagten lautete ›nicht schuldig‹.
Der junge weiße Mann wies die Glückwünsche der Presse und des Publikums zurück und verließ den Gerichtssaal, wobei er zum Schutze vor den Fotografen den Regenmantel seiner Mutter vors Gesicht hielt. Sein Vater sagte vor der Presse: »Ich werde versuchen, so gut ich kann weiterzumachen, um meinen Ruf hier im Distrikt beizubehalten.«
Die Sonntagszeitungen, die jede ihren Namen wieder anders schrieben, zitierten das schwarze Mädchen – mit Foto – in ihrer eigenen Sprache: »Es war eine Sache aus unserer Kindheit, wir sehen uns heute nicht mehr.«

Eine Verrückte

Das Telefon neben dem Bett klingelte mitten in der Nacht. Sie wachte auf, kroch mühsam über ihren Mann hinweg und griff nach dem Hörer. Ihre Bewegungen unter der Bettdecke hätten als Geschlechtsakt oder als Ringkampf gedeutet werden können; in Wahrheit schämte sie sich, wenn sie mit anhören mußte, wie er sich ohne Zähne im Mund am Telefon meldete. Kunststoffgrinsen unterm Kissen, Greisenalter im Dunkeln. Er fuchtelte herum, tastete danach, behindert durch ihr Gewicht.

Doch sie war ihm, Gott sei Dank, am Telefon zuvorgekommen. Ihr Herz vollführte einen Paukenwirbel der Besorgnis; sie konnte nichts hören. Spielte ihnen jemand einen Streich? So ungestüm, wie er das Gebiß gesucht hatte, riß sie sich die Wachspfropfen aus den Ohren, die ihr Leiden verrieten: Schlaf, so zerschlissen, daß er keinem leisen nächtlichen Knarren, keinem frühmorgendlichen Zwitschern standhielt. Auf seine Brust gestützt, hörte sie die charmante Alltagsstimme eines Menschen, für den die Sonne um Mitternacht strahlt wie der Glanz von Lackleder, für den der Morgen, ob er mit einem Schuß Gin oder mit einem anständigen Frühstück beginnt, keinen Tag einleitet, der angemessen durch Arbeit definiert ist. »Ist Leif Harder da?«

Ein Stoß mit dem Ellbogen gegen seine Brust bedeutete ihm unvermittelt, was vorging – ein Anruf der Frau seines verstorbenen Bruders.
Die schon wieder. Das kalte, nach Chemie schmeckende Grinsen hatte sich wieder in seinem empfindlichen Mund festgesetzt; er knipste mit einem freigekämpften Arm die Lampe an, während seine Frau Elena entsprechend ihrer Überzeugung handelte, daß man die Frau (wenn nötig mitten in der Nacht) zwingen mußte, sich den Tatsachen zu stellen – ein sinnloses, ärgerliches Ritual.
»Ja, er ist da. Im Bett. Er schläft. Genau wie wir alle hier im Haus. Ist dir klar, wie spät es ist?«
»Himmel noch mal! Gib her«, sagte er.
»Also, ich kann es dir sagen ...« Elena reckte den Hals, um auf seine Armbanduhr zu sehen, die auf dem Buch ruhte, über dem er eingeschlafen war.
»Gib schon her!«
»Es ist zehn nach drei.«
Er hörte das glucksende, bekennende Lachen, obwohl seine Frau nach wie vor den Hörer in der Hand hielt.
»Jawohl. *Drei Uhr morgens.*«
Das charmante Lachen klang ihm noch im Ohr, als er sich endlich des Telefons bemächtigt hatte. Die Anruferin hielt sich für unendlich witzig. Wenn sie guter Laune war – oder reichlich getrunken hatte –, behauptete sie, daß die Leute zu spießig und gehemmt seien und ihr deshalb die Anerkennung versagten. »Leif – du liebe Güte, du warst mitten im Schönheitsschlaf. Natürlich. Tut mir furchtbar leid.

Ich gehe nie früh ins Bett, mir war nicht klar – und du weißt, wie sehr ich Uhren hasse ...«

»Also, was willst du, Ruthie? Kann das nicht bis morgen warten?« Die Koseform ihres Namens, den sein armer Bruder eingeführt hatte, wurde in der Familie weiter benutzt und haftete um so fester an ihr, je weniger er ihrer Persönlichkeit entsprach.

»Oje, nun bist du mir böse. Leif, ich dachte nur, du wüßtest vielleicht, wo Vic hin ist.«

»Vic? Wo soll er denn hin sein? Wohnt er nicht mit seinen Freunden in so einem alten Haus? Heißt das, er war wieder bei dir eingezogen?«

»Nein, nein, warte. Warte, Leif ...«

Er hob die Hand, ließ sie aufs Kissen zurücksinken; Elena wälzte sich herum, bis sie wieder in ihrer eigenen Kuhle im Bett zu liegen kam. Sie hörte nicht mehr zu, doch ab und an drang die lauter werdende Stimme der Frau knisternd an ihr Ohr. Sie kannte natürlich den Monolog, den ihr Mann immer nur kurz unterbrach, hatte einen ähnlichen viele Male gehört, und er endete wie viele Male zuvor. Die Frau schluchzte wutentbrannt auf; Leif hatte sich in seiner Verdrießlichkeit wieder einmal nicht aus der Ruhe bringen lassen und ihr damit das Drama verdorben, in dem sie ihn für die Dauer des Telefonats als männlichen Hauptdarsteller besetzt hatte.

»Sie hat einfach aufgelegt.«

Seine Frau lachte gezwungen, die Ironie war ihr bewußt. »So ist es recht. Erst weckt sie uns um drei Uhr morgens und dann legt sie auf, kaum daß sie angefangen hat, mit dir zu sprechen.«

Er stieg aus dem Bett, taumelte ein wenig, da ihm noch der Schlaf in den Gliedern saß. Sie wußte, daß er, da er ohnehin wach war, nun die Gelegenheit wahrnehmen würde, seine Blase zu entleeren. »Hat sich vor sechs Monaten mit ihrem Sohn gestritten, redet seither nicht mehr mit ihm. Dann hört sie, daß er sich mit einem Mädchen eingelassen hat, und erwartet nun von *mir*, daß ich eine *einstweilige Verfügung* erwirke ...«
»Ach, das kannst du mir morgen auch noch erzählen.«
Während er auf der Toilette war, klingelte wieder das Telefon. Nur einmal: Fest entschlossen, sich nicht mehr aufschrecken zu lassen, beugte sie sich erneut über seine Bettseite und zog den Telefonstekker heraus. Auch die Lampe schaltete sie aus, so daß er im Dunkeln unbeholfen zurück zum Bett tappen mußte. Er war sich darüber im klaren, daß sie ihm nicht antworten würde, wenn er versuchte, vor dem Einschlafen noch ein wenig zu plaudern.
Er schlief (sie nahmen immer voneinander an, daß der andere augenblicklich einschlief), während sie wie gefesselt und geknebelt dalag, in Träume verstrickt, die von Ertrinken handelten, von Erdbeben und Autounfällen, zu denen sie nicht gerufen werden konnte, um ihre Kinder zu retten, weil sie mit dem Kabel des aus dem Stecker gezogenen Telefons an ihr Bewußtsein gekettet war.

In der Küche nach dem Frühstück fand sie einen Anknüpfungspunkt, indem sie Agnes fragte, ob immer noch die Lammschulter in der Gefriertruhe sei. Eine Verwandte aus Übersee habe sich zum Abendessen angesagt. »... so müde, daß ich mich nicht erinnern kann. Die Mutter vom jungen Master Vic hat uns mitten in der Nacht geweckt.« Als Bezugspunkt für alles, was in der Familie vor sich ging, dienten der schwarzen Haushaltshilfe deren Nachkommen.

Obwohl Agnes seit siebzehn Jahren bei ihnen angestellt war und über die Familienmitglieder zweifellos so gut Bescheid wußte wie diese übereinander, war ihr auch klar, daß sie über manches in Kenntnis gesetzt wurde und darüber zu sprechen bereit sein mußte, während man ihr andere Dinge vorenthielt, die zu wissen sie auf keinen Fall zugeben durfte.

»Doch nicht schon wieder? Wie letzte Woche!«

»Um drei Uhr. Und dann konnte ich nicht schlafen – vor Sorge um Matthew. Ob er die Anziehsachen bekommen hat, die ich geschickt habe. Die schreiben einem nie. Wie soll man da schlafen, wenn einen das Telefon um so eine Zeit aufweckt.«

»Worum geht es denn diesmal?«

»Ach, immer das gleiche. Probleme. Streit mit dem jungen Master Vic.«

»Wegen Geld, oder weswegen?«

»Möglicherweise. Er hat ein Mädchen gefunden, das er heiraten will, aber bis er einundzwanzig ist, verfügt die Mutter über das Geld, das sein Vater ihm hinterlassen hat.«

»Ist doch schön, daß er heiraten will! Schön, nicht?«

»Sie will es verhindern, sie will, daß der Master die Polizei einschaltet ...«

Der Kopf mit der alten Baskenmütze, die Agnes anstelle der bereitgestellten ordentlichen Dienstmädchenhaube trug, tauchte aus der Gefriertruhe auf. In ihren Kniekehlen hing das Fleisch wie Tonbrocken am ersten Entwurf eines Bildhauers. »Also, wirklich! Diese Frau!«

Aber es klang eher amüsiert als empört.

Vor drei, vier Jahren (man kommt darüber hinweg, vergißt es fast) war der schwarzen Frau das gleiche passiert wie ihrer Herrin – eine Tochter, die noch zur Schule ging, war schwanger geworden. Agnes hatte geheult und sich auf dem Küchenfußboden gewälzt und mußte getröstet werden, während ihre Herrin sogleich an praktische Maßnahmen dachte, ohne hysterisch zu werden. Der große Unterschied hatte darin bestanden, wie sie das Problem gelöst hatten. Sie hatte dafür gesorgt, daß ihre Tochter eine Abtreibung bekam, während Agnes' Tochter einen kleinen Jungen namens Kgomotso zur Welt gebracht hatte, den seine Großmutter abgöttisch liebte.

Seither hatte sie hin und wieder das Bedürfnis, sich Agnes anzuvertrauen, ihr etwas recht Intimes mitzuteilen.

Freunde, mit denen sie sich besprach, hielten die Sorgen und Kümmernisse anderer Familien dagegen. Sie lenkten instinktiv vom Thema ab, sei es aus Langeweile oder Desinteresse, und räumten ein Problem, zu dem niemand etwas zu sagen wußte, mit Hilfe eines anderen aus der Welt, auf das niemand eine Antwort wußte: Der zwanzigjährige Sohn der Lebigs, ein chronischer Bettnässer und Stammler, konnte keine normale Beziehung zu einem Mädchen unterhalten; trotz ihres vielen Geldes war da nichts zu machen. Brenda Grahams Mutter war achtundsiebzig und litt unter senilen Wahnvorstellungen, aber sie konnten es sich nicht leisten, sie in ein Heim zu geben. Die Bianchis hatten ein Problemkind aus *seiner* ersten Ehe, das im Supermarkt klauen ging. Alice und Benjamin Napiers Sohn, dieser gutaussehende blonde Junge, war mit Drogen erwischt worden und zu vier Jahren verurteilt worden – man stelle sich das vor: Da sitzen sie in ihrem schönen Haus mit den vielen Büchern und Bildern und denken an ihn im Gefängnis. Alice hat zu trinken angefangen. Johnny Chesterfields Frau, die damals mit dem portugiesischen Barmann durchgebrannt war, ist völlig mittellos zurückgekehrt, und er hat sie wieder bei sich aufnehmen müssen, obwohl er die junge Journalistin heiraten wollte, die ein Kind von ihm erwartete. Clare Patch war wieder einmal in der Trinkerheilanstalt; ihr Liebhaber hat sie verlassen, und sie hat versucht, ihm das Auto anzuzünden; ihre Schwester zahlte für alles. Archie Stein hatte eine Überdosis geschluckt – genau wie damals Ruthie Harder – und machte nun alle für sein Leben verantwortlich, dabei hatte er nicht die leiseste Ahnung, wie er es bewältigen sollte.

Das Gespräch, so stellte sich stets am Ende heraus, war weit vom Thema abgekommen und doch in jeder Hinsicht zum Ausgangspunkt zurückgekehrt: Niemand hatte es besser getroffen als sie. Die geäußerte Anteilnahme war von genereller Hilflosigkeit und Bestürzung gekennzeichnet. Zeit, das Thema zu wechseln.

»Wieso unternimmt Vic eigentlich nichts? Warum kann *Vic* die Sache nicht in die Hand nehmen? Schließlich ist sie seine Mutter.«

»Nun red keinen Unsinn. Wenn es dich langweilt, was deine Mutter und mich beschäftigt, brauchst du es nur zu sagen.«

»Aber sie ist doch seine Mutter. Ich *weiß*, sie hat ihn nicht selbst großgezogen. Ich weiß, er kann sie nicht ausstehen. Das weiß ich alles. Aber darum geht es nicht. Wenn Ma einen Zusammenbruch hätte, wenn sie trinken oder versuchen würde, sich umzubringen ...«

Sie lächelte, nicht weil das alles undenkbar gewesen wäre, sondern weil er sie Ma genannt hatte: Als Austauschstudent in Cambridge hatte der Junge gelernt, das koloniale »Mom« fallen zu lassen, das Geschmacklose am kleinbürgerlichen »Mummy« zu erkennen und sich die Bezeichnung angewöhnt, die nur die Oberschicht gewagt hatte, von der Arbeiterklasse zu übernehmen.

»Das ist doch eine Frage der Selbsterhaltung, du Idiot. Wie kannst du nur so beschränkt sein! Vic, der arme Teufel, ist mit knapper Not davongekommen, ohne selbst den Verstand zu verlieren. Er hat gerade erst angefangen, mit Unterstützung dieses Mädchens sein Leben wieder aufzubauen.« Jedesmal, wenn sie zu Besuch kam, um mit der Familie zu essen, verfiel die Tochter (verheiratet, aber noch kinderlos) ihrem Bruder gegenüber in Feindseligkeit – Folgeerscheinung des einst gewohnheitsmäßig gehegten kindlichen Grolls.

»Wenn Ma je so zur Plage würde, hielte ich es für meine ...«

(Und wenn du chronischer Bettnässer, Stammler zu keiner normalen Beziehung fähig und für vier Jahre im Knast wärst, hielte ich es für meine ...) Nun lachte die Mutter laut heraus, über sich, die zur Plage gewordene »Ma«, und wandte sich mit verschwörerischer, aber begeisterter Miene an die skandinavische Verwandte, die in Afrika zu Besuch war und der zu Ehren das Lamm gebraten worden war. Doch der Cousine dritten oder vierten Grades (aus Leifs Familie) waren sowohl die terminologischen Feinheiten als auch die Bedeutung der Hingabe einer Mutter an ihren Sohn entgangen. Ihr Englisch reichte nicht aus, und sie konnte sich nicht erklären, worüber alle so heftig und angespannt diskutierten.

Der Junge ließ nicht locker. »Und was ist mit Freunden? Kann denn niemand helfen? War sie nicht dauernd mit den Braithwaites und deren Clique unterwegs?«

»Himmel, nein, erinnerst du dich nicht? Da war doch diese üble Geschichte im Hotel auf dem Weg nach Kapstadt. Die haben seit Jahren nichts mehr mit ihr zu schaffen.«

»Sie muß furchtbar einsam sein.«

»Daß sie einsam ist, wissen wir alle. Aber wenn man sich mit keinem verträgt... die Leute lassen sich eben nur soundso viel gefallen, und damit hat es sich. Wir wissen, daß sie furchtbar einsam ist.«

»Verdammt noch mal, Ma, und wer ist daran schuld?«

»Von Schuld war nie die Rede, du Idiot. Du kannst das Leben nicht auf ein kindisches ›Wie du mir, so ich dir‹ reduzieren.«

»Was hat das denn damit zu tun? Es gibt offenbar kein Thema, das du nicht dazu nutzt, dich mit mir anzulegen. Matthew kann sich glücklich schätzen, er ist außer Reichweite in seinem Aschram. Indien ist kaum weit genug weg, um vor dieser Familie in Sicherheit zu sein.«

»Laßt es gut sein, ihr beiden ...« Der Tonfall der Mutter trennte Bruder und Schwester, wie es ihre Hände getan hatten, als sie noch klein waren.

»Dabei gehört sie noch nicht einmal zur Familie – lieber Gott, sie und Onkel Jody haben sich Jahre vor seinem Tod scheiden lassen! Ich bin dieses Arme-Witwen-Getue leid. Was hat Dad heute noch mit ihren Problemen zu schaffen? Ich bin es leid, jedesmal davon zu hören, wenn ich nach Hause komme.«

»Ach, ja. Du hast leicht reden.«

»Getrennt. Nicht geschieden. Er konnte sich nicht scheiden lassen. Sie hat gedroht, Vic und sich selbst umzubringen.«

»Sag ihr doch einfach, sie soll sich *zum Teufel scheren.* Was sollte dich davon abhalten?«

»Daß sie es dann tut.«
Das vorübergehende Schweigen wurde unterbrochen von der bedächtigen Stimme der schwedischen Verwandten: »Ach, bitte, hättet ihr vielleicht ein Glas Bier? Ich esse nicht gern so viel Fleisch ohne ein wenig Bier.«
»Leif!« Der Hausherr versäumte es immer, dafür zu sorgen, daß den Gästen nachgeschenkt wurde.
»Schon gut, schon gut. Ich hol welches.«
Während sein Vater aus dem Zimmer war, hakte der Sohn nach: »Warum sagt er nicht einfach zu Ruthie, sie soll sich zum Teufel scheren?«
»Es wäre sinnvoller, dafür zu sorgen, daß sie wieder mal zum Psychiater geht.«
Der Schwiegersohn nahm seinem Schwiegervater die Bierdose ab und spielte an seiner Stelle den Gastgeber, indem er sie öffnete und für die schwedische Dame vorsichtig in einen Bierkrug goß. Die Tochter teilte noch eine Portion Gurkensalat an sie aus. »Wieso nicht gleich Joga? Wie ich höre, hat hier ein Zentrum für transzendentale Meditation aufgemacht. Da müßte man sie ein paar Monate hinschicken, damit sie sich in den Griff kriegt.«
Der Sohn schenkte sich Wein ein und füllte dann rasch das Glas seiner Mutter nach. Mit der Flasche in der Hand und ohne jemand anderem etwas anzubieten stand er hochgewachsen am Tisch. »Soll sie sich getrost die Pulsadern aufschneiden. Was tust du anderes, als es hinauszuzögern?«
Elena merkte, daß ihr der Wein die Zunge löste. Sie wußte, daß sie den Mund halten mußte. Und hörte

sich sagen: »Was würde passieren, wenn sie Leif nicht hätte? Was ist, wenn Leif stirbt? Dann müßte ich einspringen, nicht wahr? Was bliebe mir anderes übrig? Nicht wahr? Es würde nie ein Ende nehmen. Es würde an mir hängenbleiben.«

»Wie alt ist die Frau jetzt, um Himmels willen – sie muß doch schon älter sein. Wenn ihr euch schlicht mit ihren Freunden zusammentut – irgendwer wird doch noch übrig sein – und euch mit Vic ernsthaft über seine Mutter unterhaltet – Ihr könntet dafür sorgen, daß sie irgendwo an die Küste zieht ...«

»Ruthie-kann-nicht-allein-leben.« Der Vater beschränkte sich auf die Fakten.

»Genau. Sie braucht immer jemanden, der ihr zuhört.«

»Was macht es schon, wie alt sie ist. Du redest, als wäre sie ein normaler Mensch. Solche Leute werden nie erwachsen. Darum geht es doch gerade.«

»*Genau.* Was für eine hirnrissige Idee. Deine Vorschläge sind wirklich *hilfreich.* In einer Woche wäre sie wieder da und würde Dad mitten in der Nacht aus einem teuren Hotel anrufen.«

In dem Augenblick hatte die alte schwedische Cousine kapiert, worum es ging. »Ach, ich weiß, wie das ist. Mit Verrückten. Die Familie tut mir leid.«

Es war Elena peinlich, daß sie sie ausgerechnet an diesem Abend zum Essen gebeten hatten. »Ach, Margareta, entschuldige. Was für eine Art, für deine Unterhaltung zu sorgen. Aber weißt du, heute früh ist alles wieder hochgekommen. Es ist schrecklich, dir so etwas zuzumuten ...«

»Wir hatten so ein Problem in unserer Familie, in Östersund, als ich jung war. Eine Verrückte. Birgits Schwester – du weißt, wen ich meine, Leif? Die Mutter der zweiten Frau deines Vaters – sie war verrückt. Schon als wir in der Schule waren. Später war sie mit dem Arztsohn verheiratet, und eines Tages ist sie mit seinem jüngeren Bruder durchgebrannt – er war nicht älter als siebzehn Jahre, glaube ich. Das war ein großer Skandal. In unserer kleinen Stadt, das könnt ihr euch denken! Und immer ist sie in den Schoß der Familie zurückgekehrt. Jemand hat sie hier oder da gefunden und zurückgebracht. Derweil ist sie immer verrückter geworden. Ich erinnere mich, daß sie zuletzt den ganzen Tag auf dem Friedhof verbracht hat. Gesungen hat sie und Blumen auf sämtliche Gräber gelegt. Jedes Grab geschmückt mit ihren Blumen. Selbst im Regen.«
Alle Anwesenden waren sich darüber im klaren, wie unhöflich es gewesen war, den Gast während des ganzen Abendessens zu ignorieren. Die Tochter in ihrer unbeschwerten, aber wenig einfühlsamen Geselligkeit fing zu plaudern an. »Daddy, wer war noch die zweite Frau deines Vaters? War das die mit dem krausen blonden Haar auf dem Foto, das vor einem Holzhaus aufgenommen ist? Wie nanntest du sie noch? Erster oder so ähnlich.«
Der Sohn schenkte seiner Mutter Wein ein, als wäre es unabdingbares Lebenselixier, und sie rief: »Margareta, was haben sie da nur unternommen?«
Die schwedische Cousine hatte mit Genuß und Vollendung ihren Teller leer gegessen. »Wie bitte?«

»Was haben sie ihretwegen unternommen?«
Die gesättigte Besucherin saß aufmerksam und in entspannter Haltung am Tisch. »Ach, mein Vater, er mußte jeden Tag Blumen kaufen. Jeden Tag hat er Blumen gekauft. Das hat viel gekostet. Und im Winter war es ganz unmöglich. Meine Tante hat sie hergestellt, Blumen aus Papier, wißt ihr?«
Elena trank selten mehr als ein Glas Wein. Sie kannte die Symptome, wenn sie vier oder fünf getrunken hatte: Dann buhlte sie großspurig um die Aufmerksamkeit und das Lachen der anderen und beherrschte das Gespräch bei Tisch. Daran war nichts zu ändern. »Habt ihr das gehört? Oje ...« (ein neidisches Aufheulen) »... sie haben ihr jeden Tag Blumen gekauft. Sie sind einfach losgegangen und haben die Verrückte mit Blumen eingedeckt, im Winter wie im Sommer ...«
Alle lachten; auch die schwedische Cousine blickte hocherfreut drein, obwohl sie wieder nicht alles verstanden hatte; aber sie war überzeugt, wesentlich zu dem Stimmungsumschwung bei Tisch beigetragen zu haben. Sohn und Schwiegersohn fingen an, sich über ein Gerät zum Benzinsparen zu unterhalten, das die Leute für ihre Autos kauften. Die Tochter und der Vater, der sich darangemacht hatte, die Lammschulter für den obligatorischen Nachschlag aufzuschneiden, diskutierten die genaue Bedeutung des schwedischen Begriffs »Tundra«. Elena, die ihre eigene Stimme lauter als jede andere hörte, kam auf die hervorragende Idee, sich bei Cousine Margareta zu erkundigen, wie man auf skandinavische Art

Gurken einlegt. Leif hatte eine Flasche echten Aalborg besorgt, um ihn ihr zum Kaffee zu reichen. Sie verkündete zwar, daß Aquavit in Schweden als Aperitif nie nach dem Essen getrunken werde, nahm aber dennoch ein Glas.

Abends im Bett zog Elena erneut den Telefonstecker aus der Buchse. Während ihr Mann im Bad war, steckte sie ihn unvermittelt wieder ein, nur um ihn gleich darauf erneut herauszuziehen. Sie war gerade wieder auf ihrer Seite des Bettes angekommen, als er hereinkam. Sie bemerkte den Blick, mit dem er registrierte, daß das Telefon nicht angeschlossen war, und glaubte ihn einen Augenblick zögern zu sehen. Doch er stieg einfach ins Bett. Sie trank ein ganzes Glas Wasser gegen den trockenen Mund, den sie vom Wein hatte, damit sie nicht Gefahr lief, mitten in der Nacht davon aufzuwachen. Anschließend lag sie im Grab des Bettes und dachte an Blumen. Es waren winzige sternförmige nordische Blumen, die sie nie hatte wachsen sehen, da sie nur dort wachsen, wo es geschneit hat, die sie getrocknet und eingefärbt kannte, aus dem Laden. Der Wein löste viel mehr als bloß ihre Zunge. In ihrem stillen Körper brach auf einmal ein gewaltiges Entsetzen auf. Sie war davon wie berauscht. Das Fruchtwasser war ausgetreten, ohne daß eine Geburt stattgefunden hätte. Sie sprach in ihrer Finsternis die Losung aus: *Wir wissen nicht, wie man lebt, nicht wahr.* Aber stumm. Sie wollte nicht, daß er sich umdrehte und protestierte; er hatte bestimmt schon seine Zähne herausgenommen.

Was das Herz begehrt

Sie hat nie nachgefragt, wer ihr Vater war. Warum auch? Warum sollte ich es ihr sagen?
Und doch gibt es Zeiten – Zeiten, in denen wir uns auf die Nerven gehen, wie es nur Mütter und deren Töchter können, in denen ich so gereizt und impulsiv bin, daß ich sagen möchte: Du bist nicht ... ich hatte ...
Ich glaube, mich hält nur der Umstand davon ab, daß ich nicht weiß, wie ich es am wirkungsvollsten formulieren soll. Ich will sie zwingen, wie angewurzelt stehenzubleiben, wenn sie aus dem Haus geht, um mit ihrem Freund eine »Fahrt« zu machen (im Auto zu knutschen, das altbekannte Synonym). Ihr Gesicht, das immer abgewandt ist, wenn sie mir nur halb zuhört, während ich mit ihr spreche, will ich dazu bringen, jäh herumzufahren. Und wenn ich spüre, daß es Zeit wird, das Zimmer zu verlassen, weil ich das Gespräch mit ihren Freunden an mich gerissen habe und weil die ohnehin langweilig sind: Wie kann ich mich bemerkbar machen? Mit einem Namen, einer Bekanntmachung.
Ich zog einen Stengel Zuckerrohr aus dem Treibgut und schrieb in den nassen Sand:
Arno – Arno Arkanius.

Der Zuckerrohrstengel war hohl, vom Feuer geschwärzt, und seine abgebrochene Spitze war eine kühne Schreibfeder; sie grub die Buchstaben deutlich lesbar ein.
Die Kleine konnte nicht lesen. Hunderte winziger Fliegen taten sich an dem verwesenden Seetang zwischen den Zuckerrohrabfällen gütlich, und sie hielt beide Hände in den Schwarm, wobei sie sie hin und her drehte. Sie freute sich an dem gewichtlosen Gefühl, das die Insekten vermittelten, staunte über ihre deutliche Reaktion auf ihre Gegenwart – ich weiß nicht, welches von beiden, und sie war noch zu jung, um zu sprechen. Während die anderen Kinder im Kindergarten waren, gingen wir jeden Morgen am Strand spazieren, der deshalb nicht einsam genannt werden konnte, weil dort nie jemand gewesen war, dessen Abwesenheit man bemerken konnte, außer den Inselfrauen, die kamen, um nach Ködern zu graben. Ihre schwarzen Beine im Wasser und ihre hochgereckten, in alte Säcke gehüllten Hinterteile ließen sie wie Watvögel aussehen. Sie blickten nicht von der Arbeit auf, und ich lernte noch nicht einmal, in ihrer Sprache zu grüßen. Wir kamen nur langsam vorwärts, wie nicht anders zu erwarten bei einer Frau und einem kleinen Kind, das nicht sprechen kann, das kein Zeitgefühl hat. Für sie war der Schmutzring an der Badewanne des Meeres etwas, wonach man greifen möchte, während die wogende Dünung des Indischen Ozeans, die Tümmler, die sich aus dem Wasser hochschnellen und wieder zurückfallen lassen, die würzige Gischt, die Klippen

und Felsspalten mit ihren blühenden Strelitziastauden unbemerkt blieben.
Ja – es war wohl eine Art Paradies, wie es Leuten offensteht, die nach Öl bohren oder auf Luftwaffenbasen stationiert sind oder weltweit den Erwerb von Zucker oder Kokosfett aushandeln. Ich war auf einer Welt geboren, hatte in eine andere hineingeheiratet und war dem Mann, der mit mir das Kind gezeugt hat, nach meiner Ankunft in dieser Welt begegnet. Unsere Namen boten keinen Anhaltspunkt dafür, wo wir heimisch waren. Es waren Namen unterschiedlichen Ursprungs aus verschiedenen Teilen Europas, gekreuzt bei Sport und Spiel, bei Festen in den Kolonien sowie auf Inseln, auf denen keiner von uns geboren war. Ich weiß nicht genau, was er war. Schweden haben manchmal lateinische Namen, aber er stammte aus einer Familie von Baumwollpflanzern, die aus Ägypten hatte fliehen müssen. Er war in Lausanne zur Schule gegangen und in der Handelsabteilung des Konsulats eines europäischen Landes tätig, das im Begriff stand, seine Kolonien einzubüßen, aber weiter die Preise für die Waren festzusetzen gedachte, die es dort einkaufte. Er blieb zwei Jahre und wurde dann anderswohin versetzt – der übliche Turnus.
Als das Baby geboren war, sah es zunächst genauso aus wie er, aber das machte nichts: später nicht mehr. Als ich es sah, war ich von Liebe erfüllt – nicht zu dem Kind, sondern zu ihm. Es war sechs Monate her, seit er mich neben seinen Koffern, die für die Fahrt zum Flughafen bereitstanden, ein letz-

tes Mal auf dem bereits abgezogenen Bett geliebt hatte. Ich sehnte mich unendlich nach ihm. Das Gefühl füllte meine Brüste mit Milch. Einige warme Tropfen quollen wie Tränen aus den Brustwarzen hervor. Die Krankenschwestern waren hocherfreut. Mein Mann freute sich, nach zwei Söhnen nun eine Tochter bekommen zu haben, und war vor lauter Glück zärtlich und zu Späßen aufgelegt: *Jetzt bin ich bereit, ihr weitere zu ersparen. Sie hat ihre Pflicht getan, die Dynastie gesichert. Leider ist meine Tochter so häßlich wie ihre Brüder, aber immer mit der Ruhe, die kriegen wir schon noch unter die Haube.*

Tatsächlich sah sie schon bald aus, wie ihre Brüder als Babys ausgesehen hatten, ein Baby wie alle anderen Babys. Wenn ich sie auf den Arm nahm, wie sie es brüllend verlangte, rann ihr der Speichel aus dem Mund und mir hinten übers Kleid. Dann saß sie über meine Schulter nach hinten gewandt da und wurde vor stummer Konzentration langsam rot im Gesicht, während sie sich gleichzeitig erleichterte. Sie hielt sich an meinem Rock fest, wenn sie sich vom Boden hochziehen wollte, oder hielt, wenn sie einen Wutanfall bekam, bis kurz vor dem Ersticken den Atem an. So schön sah sie aus in ihrem allabendlichen Rauschzustand, die leere Flasche in der erschlafften Hand, daß mein Mann Gäste ins Schlafzimmer führte, damit sie sie begutachteten.

Ihr Vater hat sie nie gesehen. In den Monaten bis zu ihrer Geburt schrieben wir uns ständig; er hatte einen Arzt auf der Insel, mit dem er bekannt war, zu überreden versucht, bei mir eine Abtreibung vorzu-

nehmen. Aber wir mußten an seine Stellung im Konsulat denken und an die Stellung meines Mannes in der Firma. Wir hatten Angst, daß die Sache sich herumsprechen könnte. Daß ich ein drittes Kind bekam, war dagegen nichts Besonderes.
Er traute sich nicht, ein Foto von ihr aufzubewahren, da die Gefahr bestand, daß seine Frau darauf stieß. Als das Kind fast ein Jahr alt war, ging er auf Heimaturlaub – wie es schien, hatte er Europa zur Heimat auserkoren –, und wir schrieben uns seltener. Aber ich konnte das Weihnachtsfest nutzen, um ihm eine Karte mit einem Farbfoto zu schicken, auf dem die Familie mit dem lachenden kleinen Mädchen in der Mitte abgebildet war. Er schrieb zurück, ob sie wirklich so einen großen Mund habe? – Oder ob es am Foto liege? Seine Frau habe es auch bemerkt.
Ich erinnere mich, daß ich mit dem Brief durchs Haus ging und hinausgestarrt habe – draußen war nichts als das Meer, nichts zu holen als der Laut seines endlos langen Gähnens und das harte Glitzern seiner mittäglichen Haut. Dann ging ich ins Schlafzimmer und legte mich im abgedunkelten Raum mit gespreizten Beinen auf den Fußboden, an mein eigenes Kreuz geschlagen, und wartete auf ihn. Ich weinte, um mich zu erleichtern, drehte mich um auf den Bauch und ließ den Speichel aus meinem Mund in den Staub und die Flusen des Teppichs rinnen, wie das Baby. Nach einer Weile begann ich wieder das Meer zu hören und entdeckte unter dem Bett, auf dem ich mit meinem Mann

schlief, eine Münze und seine verloren geglaubten ausgetretenen Leinenschuhe. Als die Eingeborene von der Insel, die mir bei der Betreuung der Kinder zur Hand ging, mit ihnen vom Strand heraufkam, begegnete ich der Kleinen mit Verachtung, weil sie nicht hübscher war, aber sie merkte es nicht. Wie alle um mich herum lebte auch sie ein Leben, in dem es auf meine Verachtung nicht ankam, und es gab für sie kein anderes. Für mich übrigens auch nicht.

Ich hatte mich ihm gegenüber mit den Männern gebrüstet, die mir nachstellten, darunter auch ein Botschafter, sehr kultiviert und alt genug, mein Vater zu sein. Nun jedoch schrieb ich ihm, daß von mir aus eine Flutwelle das ganze blöde Inselleben verschlingen könne. Ich ließ nichts darüber verlauten, daß ich auf Festen flirtete und mich betrank und mit meinem Mann stritt, weil er behauptete, ich würde die Kinder vernachlässigen. Um die Wahrheit zu sagen: Für mich war das alles nicht real – ich vertrieb mir damit nur die Zeit. Das eine oder andere Mal habe ich ihm geschrieben, ich wolle mich scheiden lassen und das Baby mitnehmen und allein leben. Dann antwortetete er, er habe entsetzliche Angst, daß mir »etwas passieren« könne. Wir taten so, als hätten sich beide Umstände – seine Angst um mich und mein Entschluß, mich scheiden zu lassen – unabhängig voneinander und von uns selbst ergeben. Dann ließ er die Weisung ergehen, ihm nicht mehr zu schreiben, bis er in der Lage war, mir eine geeignete neue Adresse zu nennen – die üblichen zwei

Jahre waren um, und er wurde erneut versetzt. Natürlich wollten wir nicht, daß meine Briefe im Konsulat herumlagen, wo es möglicherweise neugierigen Händen oblag, sie nachzusenden. Um diese Zeit hatte mein Mann es sich herausgenommen, seine Mutter kommen zu lassen, damit sie die Kinder beaufsichtigte. Die Atmosphäre im Haus war gekennzeichnet von rasender, betäubender, besessener Feindseligkeit: die Flutwelle, die ich auf mich selbst herabgewünscht hatte. Ich merkte nicht einmal, daß schon ein Monat vergangen war, ohne daß ich eine neue Adresse bekommen hätte. Nun verließ ich tatsächlich meinen Mann; ich ging ohne das Baby, ohne die Kinder. Der alte Grund, ihn zu verlassen, war unter den verbissenen Streitigkeiten und Anschuldigungen vergraben, die durchs Haus fegten. Das Personal schlich bedrückt umher und senkte seine Blicke im Angesicht all dessen, was kaputtgeschlagen wurde, ohne daß das Mobiliar zu Bruch gegangen wäre oder eine Vase vom Platz gerückt worden wäre oder der Gärtner aufgehört hätte, das Schwimmbecken abzuschöpfen. Einmal brüllte mein Mann unvermittelt los: Man hätte mich zum Arzt schaffen sollen, jawohl; erst seit das letzte Baby geboren sei, würde ich mich so benehmen; ich sei seit der Geburt dieses Babys verändert, und er wünschte sich, daß das verflixte Baby nie geboren worden wäre!

Und das von ihm, der so vernarrt in sie war, daß sie ihr Leben lang der verwöhnte Liebling der Familie gewesen ist. Ich dagegen war damals nicht, über-

haupt nicht geneigt, ihm einen Namen entgegenzuschleudern, eine Bekanntmachung, die sich in seinem Gesicht härter abgezeichnet hätte als der Abdruck einer Hand.
Klar, es hätte mir alles mögliche Furchtbare zustoßen können. Ich nahm einen Job als Stewardeß im Flugverkehr zwischen den Inseln an. Ich hatte keine Berufsausbildung. Die alten DC 3 schafften es nur bis auf eine bestimmte Flughöhe, mitten in der Wolkendecke aus Feuchtigkeit und Turbulenzen, die von den lieblichen, tropisch bewaldeten Bergen und seidig grünen Zuckerrohrplantagen der Tiefebene aufstiegen. Die Flugzeuge hatten keine Druckkabinen, und ich ging im Mittelgang auf und ab und sammelte Papiertüten mit Erbrochenem ein. Er muß, dessen bin ich mir sicher, auf seinem neuen Posten in einem anderen Inselparadies, diesmal in Westindien, davon gehört haben. Denn natürlich begegneten mir, wenn ich mit meiner Last den Gang abschritt, die erstaunten Blicke von Passagieren, die mich als Ehefrau des Repräsentanten der Firma Soundso kannten. Der Botschafter, der mir einst eine Schachtel echter Maiglöckchen aus Europa mitgebracht hatte (Orchideen galten nichts, sie wuchsen wild auf der Insel), starrte von seinem Sitz zu mir herüber. Er war unschlüssig, ob er mich erkennen sollte oder nicht. Aber wie die meisten Frauen, die in Sachen Kleidung einen guten Geschmack haben und aus irgendeinem Grund eine vulgär provokative Uniform tragen müssen – das Dirndl der Kellnerin oder das Courrèges-Kleid der

Stewardeß –, wußte ich, daß meine Erscheinung durch diese Uniform an sexueller Spannung gewonnen hatte. Ein anderer Passagier und seine Frau, denen ich als Gesicht im Jachtclub und auf Diplomatenpartys bekannt war, waren unterwegs zu einem neuen Posten, und die Frau bemerkte, daß die Reise diesmal nach Westindien gehe, wo natürlich zur Zeit auch das Ehepaar D... stationiert sei. Sie freue sich darauf, jemanden vorzufinden, den sie bereits kannte, wenn sie dort ankamen, und mit dem Ehepaar D... könne man sich immer so gut amüsieren. Die Insel sei seit ihrem Weggang einfach nicht mehr dieselbe, nicht wahr? Sie versprach, Grüße auszurichten, und meinte, daß sie sich sicher freuen würden, von ihren Freunden zu hören.
Kein Brief. Ich erwartete auch keinen. Ich dachte mit Leidenschaft an ihn, und in meinen Gedanken war er jemand wie ich, ausgeworfen aus der Gußform des eigenen Ichs, nicht einmal für sich selbst wiederzuerkennen. Ich übernachtete in Städten, die mir vertraut waren (alle Inseln hatten die gleichen Palmen, Nachtclubs und Flughunde, die gleichen ächzenden Klimaanlagen, das gleiche langgezogene Gähnen des Meeres), nicht jedoch meine Heimat. Als kultivierter Mensch, der er nun einmal war, hatte sich der Botschafter besonders freundlich und amüsant gezeigt, nachdem ich zu verstehen gegeben hatte, daß ich in meinem neuen Umfeld erkannt werden wollte. Andererseits machte er, obwohl ich nun theoretisch zu haben war, keine Anstalten, mich wiederzusehen. Die Piloten waren ihrer Ehefrauen

überdrüssig und ließen mir keine Ruhe. Ich verbrachte in Curepipe eine Nacht mit einem kanadischen Geschäftsmann, der meinte, es sei Schicksal, daß er zweimal im Abstand von drei Monaten auf die Insel gereist war und von mir im Flugzeug seinen Whisky serviert bekommen hatte. Ich hatte von der Begegnung, wonach mich verlangte: Ein Höhepunkt voller Tränen und Selbstmitleid ließ die Sehnsucht nach meinem Geliebten neu aufleben.

Lange danach, viele Monate später, als ich heimgekehrt war und mein Mann und ich das Haus umbauen und den Garten gestalten ließen, kam ein Brief. *Bist Du wahnsinnig geworden? Eine Mischung aus Dienstmädchen und Revuegirl in einer dieser furchtbaren Kisten? Was soll nur aus Dir werden?* Wie sehr muß er mit sich gerungen haben. Jeden Tag muß er sich wie ich gesagt haben, daß es unsinnig war, zu schreiben. Ich sah mein Bild im Spiegel, als würde er es sehen: erst neunundzwanzig, ums Kinn herum schmaler geworden wegen der Plackerei und den unregelmäßigen Arbeitszeiten der Fluglinie, längeres Haar und jener Anschein von Hochmut, den Kummer und Unzufriedenheit mit sich bringen, wenn man noch jung ist.

Mein Mann war auf eigene Initiative ins Frachtgeschäft eingestiegen. Die Insel stand kurz davor, als unabhängiger Staat die eigene Fahne zu hissen, und er hatte sich bei den herrschenden Kreisen beliebt gemacht. Ich konnte immer noch kein Wort der Sprache sprechen, aber ich war eine der ersten weißen Frauen, die bei offiziellen Banketten im langen, anmutigen Inselgewand erschien. Mein Mann wurde zum persönlichen Finanzberater des neuen schwarzen Präsidenten; jeder Vertreter einer ausländischen Handelsniederlassung, der sich beim Regime um Privilegien bemühte, mußte jetzt bei ihm vorsprechen.

Es kam zu Aufständen im Eingeborenenviertel beziehungsweise im Landesinneren, aber wir erfuhren davon eigentlich nur aus der Zeitung. Das Regime überlebte, und mein Mann verdiente eine Menge Geld. Sein Triumph über meine Rückkehr hatte Energien in ihm freigesetzt, die nicht aufzuhalten waren. Nicht, daß wir je arm gewesen wären; wenn man erst einmal ein Haus in Hanglage besaß, ein Schwimmbecken und ein Boot im Jachthafen, gab es kaum noch etwas, womit man sich das Leben auf der Insel angenehmer machen konnte. Das Meer war für jeden zu haben, genau wie die Sonne, die Blumen, die zum Pflücken einluden, die Austern auf den Felsen.

Er wollte als Weihnachtskarten Bilder von den Kindern verschicken, die er mit seinen erstklassigen Kameras aufgenommen hatte, aber ich erhob heftig Einspruch, und er war inzwischen so selbstbewußt, daß er gern meinen Launen nachgab. Er mußte oft nach Europa reisen und genoß es, mich mitzunehmen. Ich habe viel für mich eingekauft; sein größtes Vergnügen war es, Geschenke für die Kinder zu kaufen, vor allem hübsche Kleider für die Kleine. Die rannte damals wie eine kleine verwahrloste Prinzessin am Strand herum, eingehüllt in handgesäumten

Liberty-Batist, der ihr als Badetuch diente – ein wildes, verwöhntes Kind. Manchmal mußten wir die Mutter meines Mannes besuchen, die sich in einem Bergdorf im Süden Frankreichs zur Ruhe gesetzt hatte, und bei einem dieser Besuche fuhr ich zum Einkaufen nach Nizza. Als ich in einem Café saß, das zur Straße hin offen und entsprechend laut war, merkte ich, daß ich den Autoschlüssel verloren hatte; und dort in der Telefonzelle, die nach Schweißfüßen und saurem Wein roch (ich kann den Geruch heute noch jederzeit heraufbeschwören), fiel mir, während ich angewidert darauf wartete, daß mein Anruf im Dorf durchgestellt wurde, unter allem Gekritzel auf der schmutzigen Wand ein Name ins Auge.

Arno Arkanius.

Jemand hatte in dieser Telefonzelle, in diesem Café auf einen Anschluß gewartet und hatte so, wie man ein Stöckchen aufhebt und in den Sand schreibt, wo niemand es lesen wird, immer wieder diesen Namen geschrieben. Es standen dort noch viele andere Namen mitsamt den zugehörigen Nummern: Pierre, Jan, Delphine, Marc, Maria, Horst, Robert. Ich habe sie alle mit Sorgfalt gelesen. Es waren Namen, die Tausenden von Männern und Frauen gemeinsam sind, doch dieser Name, diese Kombination aus Vor- und Nachname – konnte es sein, daß sie jemand anderen bezeichnete? Als hätte meine eigene Hand den Stift mit der dunklen Bleimine gehalten (es war kein Kugelschreiber gewesen; der hätte auf der speckigen Wand kein so klares Schriftbild hinterlassen), wußte ich, daß er gemeint war, daß diese Bekanntmachung ihm galt und keinem anderen. Unmöglich zu sagen, wer sie geschrieben hatte, oder wann. Nur warum. Das Klingeln des Telefons stand im lautem Widerspruch zu den gedämpften Geräuschen, die von außen gegen die Glastür brandeten. Ich sagte, was ich zu sagen hatte, ohne den Blick von der Wand abzuwenden. Arno Arkanius. Ich legte auf, nahm meine Tasche und die Einkaufstüten vom dreckigen Boden auf und trat an die Bar, um das Telefongespräch zu bezahlen. Ich hatte also vergessen. Eine andere weinte und schwelgte in erotischen Phantasien, eine andere sprach den Namen aus, wie ein frommer Jude insgeheim den verbotenen Namen Jehova aussprechen mochte. Und während all das vorging, hatte ich mich dem Vergessen hingegeben, war das Baby mit dem großen Mund die Tochter meines Mannes geworden. Ganz recht: Ich täuschte mich, was ihre Identität anging, nicht er, denn ich hatte vergessen, tagelang, monatelang. Ich hatte geglaubt, bis in alle Ewigkeit unglücklich bleiben zu können, aber wie sollte das gehen? Ich hatte vergessen. Es muß viele Kinder geben wie sie, die zufrieden damit sind, wer sie sind, und deren wahre Identität nur wiederbelebt werden könnte, wenn sich die Jugend ihrer Mutter zu neuem Leben erwecken ließe.

Der Termitenbau

Wenn man in einer kleinen entlegenen Stadt lebt, über die man sonst eigentlich nur in Büchern aus der Stadtbibliothek liest, ist das Eintreffen von Handwerkern im Haus ein wahres Fest. Der Alltag wird fröhlich gestört, Improvisation ist angesagt. Das Wohnzimmer muß als Schlafstätte herhalten, während der Farbgeruch das Schlafzimmer unbewohnbar macht. Die geheimen Kehrseiten vertrauter Möbel (Sperrholz, mit Spinnweben überzogen, die der Staub verdickt hat) kommen zum Vorschein, wenn sie in der Mitte des Zimmers zusammengerückt werden. Mahlzeiten sind Picknicks, bei denen man auf Tischmanieren keinen Wert legt, denn die erste Benimmregel, die Kindern von ihrer Mutter eingebleut wird – wie man richtig am Tisch sitzt –, ist außer Kraft gesetzt: Nirgendwo ist Platz zum Sitzen. Obendrein dürfen sich die Bewohner des Hauses bei der Wahl ihrer Bekleidung eine gewisse Exzentrik erlauben, da niemand etwas am gewohnten Platz vorfindet.

Ein Arzt ist auch eine Art Handwerker. Wird er erwartet, bezieht man alles frisch und vertreibt fürs erste den Hund vom Bett des Patienten. Wird ein Kind krank, muß es nicht zur Schule gehen. Es hat

Ferien und bekommt obendrein noch etwas geschenkt – eine ganze Rolle Comics, noch mit der Kordel des Zeitungshändlers zusammengeschnürt, Wachsmalkreiden oder Kartenspiele. Die Mutter ist allein im Haus, abgesehen vom Patienten, der außer Hörweite im Krankenzimmer liegt. Die anderen Kinder sind in der Schule. Der Mann ist auf der Arbeit. Sie nimmt die Schürze ab, kämmt sich das Haar und legt dezent etwas Lippenstift auf, um sich für den Arzt präsentabel zu machen. Sie stellt in der stillen Abgeschiedenheit des Wohnzimmers ein Tablett mit Tee für zwei Personen bereit, wie für den heimlichen Besuch des Liebhabers, den sie nicht hat. Sie und der Arzt, der irgendwie berauschend riecht, kalt und süß, weil er geradewegs aus dem Operationssaal kommt, haben zusammen am Bett des Patienten gestanden und lustige Bemerkungen gemacht. Nun ist er froh, daß man ihm auf seiner anstrengenden Morgenrunde eine Tasse Tee anbietet, und hinter der geschlossenen Wohnzimmertür sind undeutliche Stimmen und ein gelegentliches Auflachen zu hören.

Klempner, Anstreicher, Arzt: Bei ihrer Ankunft passiert etwas, wo sonst nie etwas passiert: zu Hause, in einem Haus mit Bungalowgesicht, das zwei Erkerfensteraugen zu beiden Seiten eines Vordertürmundes bilden, in einer Straße, in einer Goldgrubenstadt mit fünfundzwanzigtausend Einwohnern, in Südafrika, in den dreißiger Jahren.

Einmal blieb das Steinway-Klavier als einziges stehen, auf ein paar verbliebenen Bodenbrettern in einem Zimmer, dessen Fußboden herausgerissen worden war. Ich stürmte hinein, um auf die Schlaguhr zu sehen, die auf dem Kaminsims hätte stehen müssen. Statt dessen flog ich durch die Luft und fand mich im Höhlengeruch einer Erde wieder, wie ich sie noch nie gerochen hatte, der Erde unter unserem Haus. Ich war neun Jahre alt und brach mir bei dem Sturz keine Knochen; der Schock erregte mich und der Gedanke an das hohle, erdaufwühlende Dunkel, das unter unserem Florteppich herrschte, erfüllte mich mit Begeisterung. Die Schilderungen meiner Mutter, wie leicht ich mich hätte verletzen können, verliehen mir eine Wichtigkeit, welche die in der Familie übliche Feststimmung erhöhte, wann immer wir Handwerker im Haus hatten.

Diesmal ging es nicht um Malermeister Strydom und seine Boys, wegen denen meine Mutter alle paar Jahre Streit vom Zaun brach. *Ich bin nicht wie jede andere Frau. Ich habe keinen Mann, wie ihn andere Frauen haben. In was für einem Zustand sich das Haus wieder mal befindet. Du läßt lieber alles verrotten, ehe du einen Finger rührst. Zu geizig, um einen neuen Anstrich zu bezahlen, und wenn du dich doch dazu herabläßt, erwartest du gleich, daß er zehn Jahre hält. Ich hab kein Haus wie andere Frauen.*

Handwerker wurden als die Hausgäste behandelt, die wir nie hatten; die Freunde meiner Mutter waren Nachbarn, mein Vater hatte keine Freunde, und sie war so oder so nicht bereit, Platz für ein zusätzliches Bett zu schaffen, weil sie nicht wollte, daß

seine Verwandten kamen. Mr. Strydom bekam von ihr täglich unzählige Tassen süßen starken Tee serviert, wie er ihn liebte, während meine Mutter dabeistand, um mit ihm zu plaudern. Derweil versuchte ich mit dem Pinsel seine Kunstfertigkeit nachzuahmen; besondere Faszination übte auf mich das aus, was er in seinem Afrikaander-Englisch »die Linie ziehen« nannte. Freihändig und geschickt konnte er einen schmalen schwarzen Strich anbringen und damit die untere Hälfte unseres Flurs, die zum Schutz gegen schmutzige Fingerabdrücke dunkel gestrichen war, von der cremefarbenen oberen Hälfte trennen. *Augenblickchen, will nur eben die Linie ziehen, ja?*
Dann trank er seinen Tee so gründlich aus, daß die Teeblätter aufwirbelten und an den Seiten der Tasse klebenblieben. Sein Arbeiterdurst war für mich eine fremdländische Sitte, Zeichen des Unterschiedes zwischen Afrikaandern und Engländern wie uns. Ebenso akzeptierte ich, daß es bei den schwarzen »Boys« Brauch war, den Tee auf dem Hof und aus Marmeladengläsern zu trinken. Wie der Arzt, wie der adrette, taube Elektriker Mr. Waite, der sich gelegentlich betrank, weil er etwas durchgemacht hatte, das sich Ypres nannte, wie Mr. Hartman, der in traurigem Sopran vor sich hin sang, während er das Steinway-Klavier stimmte, das meine Mutter aus dem Haus ihrer Mutter mitgebracht hatte, war Mr. Strydom ein wiederkehrendes Ereignis. Der Zustand, in dem sich das Haus diesmal befand, war dagegen so noch nicht dagewesen. Die Männer, die ins Haus kamen, waren keine Handwerker. Sie wa-

ren bestellt worden, um die »weißen Ameisen« zu vernichten – Termiten, die uns das Haus unter den Füßen wegfraßen. Eine Million Kiefer nagten Tag und Nacht am Holz, das unseren unveränderlichen Tagesablauf stützte: Eines Tages (wenn meine Mutter nichts unternommen hätte, wäre mit Sicherheit nichts geschehen) wäre der schwere Steinway mit seinem Gehäuse aus echtem Rosenholz durch die Fußbodenbretter gekracht.
Jahrelang hatte meine Mutter geschickt das von gewöhnlichen schwarzen Ameisen aufgehäufte feinkörnige Erdreich zertreten, dessen Kegelform so vollkommen war wie die des Sandes, der durch eine Eieruhr gerieselt ist. Mein Vater hatte nie einen Finger gerührt; sie persönlich schüttete nach Teer riechendes Desinfektionsmittel in die Ameisenlöcher und leerte Kessel mit kochendem Wasser darüber, das den Boden in einen Schweiß aus glitzernden, im Todeskampf zappelnden winzigen Geschöpfen ausbrechen ließ. Das hinderte uns nicht (auch das ein Ereignis), an bestimmten Sommerabenden, nachdem es geregnet hatte, in den Garten hinauszurennen, um im tropischen Schneeschauer von Millionen durchsichtiger Flügel der sogenannten Flugameisen zu stehen, die dort wie aus dem Nichts aufgetaucht waren. Wir sahen den Fröschen zu, die tollkühn vor Gier auf die Veranda hüpften, um ihre dehnbaren Hälse mit den offensichtlich harmlosen Insekten zu füllen. Auch unsere Katze fraß unablässig, aber mit größerer Selbstbeherrschung, und spuckte mit einem Schütteln ihrer Schnurrhaare jedes Bruch-

stück eines Flügels aus, den sie aus Versehen mit aufgenommen hatte. Wir wußten nicht, daß diese Geschöpfe eine Hochzeitszeremonie ausführten, wenn sie ihre vier zarten Libellenflügel abwarfen (einige schienen sich damit abzumühen, wie Menschen, die ihren Mantel ablegen) und triste Erdbewohner wurden, wenn sie zum Teil idiotisch die Hinterteile anhoben, als wären sie verletzt. Diese Zeremonie hatte in der einen oder anderen Sommernacht dazu geführt, daß eine Ameise unter Millionen befruchtet worden und unter unser Haus gekrochen war, um die Königin einer Kolonie zu werden, die sie selbst erzeugt und geboren hatte. Irgendwo unter unserem Haus lag sie im unaufhörlichen Kindbett, das sich fortsetzen würde, bis sie gefunden und getötet wurde.

Die Männer waren herbeigerufen worden, um die Königin ausfindig zu machen. Keine übelriechenden Gifte, kein Öffnen der Tunnel, die besser konstruiert waren als die der Londoner Untergrundbahn, der Pariser Metro oder der New Yorker Subway, von denen ich gelesen hatte, kein Ausräuchern, wie es bei Kakerlaken oder Maulwürfen oder Holzwürmern üblich ist, konnte Termiten ausrotten. Egal, wie viele tausend meine Mutter tötete, als im Zuge der Ausschachtungsarbeiten die Fußbodenbretter unseres Hauses herausgerissen wurden, als die brüchigen Passagen aus Sandkörnern, zusammengeklebt mit einem Sekret, das die Termiten im eigenen Leib trugen, aufgebrochen wurden und die Bewohner in einem Eiterfluß aus weißen wimmelnden

Tröpfchen mit gelben Köpfen hervorquollen – egal, wie viele sie mit ihrem Flit-Spray in den Todeskampf schickte: Der Termitenbau würde sofort neu bevölkert werden, solange die Königin lebendig zurückblieb, verborgen in jener inneren Kammer, wo ihre Untertanen, die außerdem ihre Nachkommen waren, sie eingemauert hatten und sie bewachten und pflegten.
Die Kammerjäger erschienen zu dritt, ein Weißer und zwei Schwarze. Alle drei hatten die rote Erde der tieferen Bodenschichten an Kleidung, Haut und Haaren kleben; ihre Augen waren blutunterlaufen; die Nägel ihrer schwarzen oder weißen Hände hatten rote Ränder, und selbst ihre Ohren waren leicht gerötet. Die langen Haare in den Nasenlöchern des weißen Mannes waren rot überzogen, wie die Beine einer Biene mit gelbem Blütenstaub überzogen sind. Die Männer machten den Eindruck, als seien sie selbst ausgegraben worden, wund von der klebrigen Erde, die unter Gebäuden eingekerkert ist. Blutbefleckt von ihrem lebenslangen ritterlichen Streben, waren sie bereit, sie erneut aufzunehmen: die Suche nach der Königin. Sie hatten einen guten Ruf, aber meine Mutter war ihnen gegenüber so skeptisch wie gegenüber den Wünschelrutengängern mit ihren gebogenen Ästen oder gegenüber Leuten, die die Toten dazu brachten, ihre Mitteilungen zu buchstabieren, indem sie ein Glas auf bestimmte Buchstaben des Alphabets rückten. Aber was hätte sie sonst tun können? Mein Vater überließ ihr alles, sie trug die Verantwortung.

Es gefiel ihr nicht, wie die Männer aussahen. Sie waren stark mit Erde beschmutzt. Ihre Hände streckten sich wie bloßgelegte Wurzeln nach dem Tee aus, den sie ihnen brachte. Selbst der weiße Mann bekam ihn diesmal im Marmeladenglas serviert.

Sie war es, die darauf bestand, unter dem Klavier ein paar Bodenbretter übrigzulassen. Sie traute ihnen nicht zu, daß sie das Instrument transportieren konnten, ohne das Rosenholzgehäuse zu beschädigen. Die Männer sprachen nicht miteinander, während Kinder ihnen bei der Arbeit zusahen. Das einzige Geräusch war das der Spitzhacke, die immer wieder in der festen Erde unter unserem Wohnzimmer steckenblieb, und das Keuchen des schwarzen Mannes, der die Hacke schwang, sie herauszerrte und dann aufs neue im Erdboden versenkte. Obwohl wir durch ihr Schweigen auf Distanz gehalten wurden, wollten wir Kinder nicht fortgehen. Unbeirrbar harrten wir unsere gesamte freie Zeit hindurch aus und beobachteten das Geschehen. Und waren dennoch nicht da, als es passierte. Als sie sie endlich fanden – die Königin –, waren wir nicht da.

Meine Mutter rührte Kuchenteig und hatte uns mit jener Zaubersubstanz fortgelockt, die mehr war als ihre Bestandteile, als die schaumig geschlagenen Eier, Butter und Zucker. Schon ein sachter Strich mit dem flinken Zeigefinger über das Innere der Schüssel übertrug eine duftende cremige Süße in den Mund, der die zu erwartende Erfüllung dank des Vanilleduftss, den nicht nur die Schüssel ausströmte, sondern auch ihre Kleidung, ihr Haar, ja selbst ihre Haut, längst vorausgeahnt hatte. Da fletschte der Hund meiner Mutter plötzlich die zukkenden Lefzen, zeigte seine langen Zähne und begann zwischen ihr und dem Fliegengitter der Küchentür hin und her zu hüpfen wie jedesmal, wenn sich ihr ein Fremder näherte. Wir blickten hoch; die drei Männer waren an die Hintertreppe getreten. Der Weiße winkte mit seiner ockerfarbenen Hand schroff einen der Schwarzen heran, und der trat vor, einen Kinderschuhkarton in den ausgestreckten Händen. Der Deckel war geschlossen und hier und da mit groben Luftlöchern versehen, genau wie in den Schachteln, in denen wir Kinder Seidenraupen aufbewahrt hatten, bis meine Mutter fand, daß sie zu muffig rochen, und sie wegwarf. Der weiße Mann winkte ein zweites Mal; er und meine Mutter hatten einen Augenblick lang die gleiche Handhaltung. Seine Hände waren mit Erde, ihre mit Mehl bedeckt. Der schwarze Mann nahm den Deckel ab.

Und da war sie, die Königin. Das kleinste Kind schluckte, als sei ihm schlecht, und brachte sich ganz hinten in der Küche in Sicherheit. Wir anderen drängten näher heran, aber meine Mutter zwang uns, ihr Platz zu machen. Sie hatte nicht vor, sich für das Geld ihres Mannes mit weniger abspeisen zu lassen als mit zufriedenstellender Arbeit. Wir alle betrachteten das aufgedunsene, hilflose weiße Geschöpf. Es war fünfzehn Zentimeter lang und an einem Ende hing der winzige Kopf einer Ameise mit

glänzendem Visier. Der Körper war ein ödemartiger Sack, der an diesem Kopf befestigt war; das Geschöpf hatte keine erkennbaren Beine und konnte sich auch nicht durch Zusammenziehen einzelner Segmente fortbewegen wie eine Schnecke oder ein Wurm. Die Königin. Die Königin, deren Domäne so groß wie die unsere war – das hatten wir an den Galerien und Gängen gesehen, die unter unserem Haus zum Vorschein gekommen waren.
Der weiße Mann ergriff das Wort. »Das ist sie, Ma'am.«
»Sind Sie sicher, daß Sie die Königin haben?«
»Wir haben sie. Das ist sie.« Er lachte, wie es nur ein Profi vermochte, über ihre Unwissenheit.
Ob sie noch am Leben sei? – Wieder hielt uns das Schweigen der rotäugigen, rot verkrusteten Männer in Schach. Sie ließen nicht zu, daß wir kühn einen Finger ausstreckten, um den Leib zu berühren, dessen Abschnitte wie aufgeblasen wirkten, wie eine bestimmte Sorte Luftballons. Dieser Leib versprach zugleich einen taktilen Reiz und Abscheu – so als müsse, wer mit dem Finger prüfend über den möglicherweise leicht behaarten Leib strich, damit rechnen, daß eine süßliche Paste hervorquoll. In dem Buch *Die Seele der weißen Ameise* (von Eugène Marais, Afrikaander wie der weiße Mann, der die geheime Kammer der Königin gefunden hatte), das ich später in der Bibliothek entdeckt habe, stand zu lesen, daß die Nachkommen beziehungsweise Untertanen dem gewaltigen Körper der Königin zu bestimmten Zeiten Nahrung entlocken, indem sie ihn

streicheln, bis sie ihr nahrhaftes mütterliches Elixier von sich gibt.
»Igitt. Wieso ist die denn so dick?« Das kleinste Kind war weit genug herangekommen, um sich zum Hinsehen zu zwingen.
»Sie ist voller Eier«, antwortete der weiße Mann. »Sie legt pro Tag ungefähr eine Million Eier.«
»Ist sie tot?«
Auf die Frage lachte der Mann nur, denn seine Arbeit war getan, und wie der Assistent des Zauberers am Schluß seines Auftritts wußte der schwarze Mann, daß es Zeit war, den Deckel des Schuhkartons zu schließen. Wir hatten keine Möglichkeit, uns Gewißheit zu verschaffen. Die Königin kann sich nicht bewegen, sie ist blind; ob sie sich unter der Erde befindet, als tyrannische Gefangene ihrer Untertanen, die ohne sie nicht geboren wären und nicht ohne sie leben können, oder ob sie gefangen und in einem Schuhkarton fortgeschafft wird: Sie kann gegen die Konsequenzen ihres Tuns nichts unternehmen.
Meine Mutter bezahlte die Männer aus ihrem Haushaltsgeld (worüber sie, hieß es, mit unserem Vater noch sprechen müsse), und sie nagelten die Fußbodenbretter im Wohnzimmer wieder fest. Dann gingen sie und nahmen den Schuhkarton mit. Meine Mutter hatte gehört, daß das Ganze ein Schwindel sei: Die Männer gingen von Haus zu Haus, richteten das gleiche furchtbare Durcheinander an, das sie bei ihr hinterlassen hatten, und zeigten immer wieder ein und dieselbe Königin vor, die sie mit sich herumtrugen.

Aber die Termiten verließen unser Haus. Wir brauchten diese Art Handwerker nie mehr kommen zu lassen. Der Florteppich wurde wieder ausgelegt, die Möbel wurden an ihren Platz gerückt, und ich mußte jeden Tag die halbe Übungsstunde am Steinway absolvieren, von der ich eine Woche lang befreit gewesen war. In dem Buch aus der Bibliothek stand außerdem, daß die Termiten, wenn die Königin stirbt oder entfernt wird, samt und sonders ihren Posten verlassen und aus dem Termitenbau ausziehen; einige finden den Weg in andere Kolonien, Tausende sterben. Der Termitenbau mit seinen Schimmelpilzgärten zur Nährstoffgewinnung, seinen Tunnels für den Antransport von Wasser aus bis zu dreizehn Metern Tiefe, seinem komplizierten Verteidigungs- und Kommunikationssystem, wird einfach aufgegeben.

Wir lebten weiter, über den Ruinen. Die Kinder wurden erwachsen und verließen die Stadt. Als sie nach 1946 aus dem Krieg zurückkamen, und später von Reisen nach Europa, Amerika und dem Fernen Osten, langweilte es sie, die gleichen alten Geschichten zu hören, und gefragt zu werden: »Erinnerst du dich an Mr. Hartman, der immer kam, um das Klavier zu stimmen? Er hat sich neulich nach dir erkundigt – der Arme ist vor lauter Arthritis schon ganz krumm.« – »Erinnerst du dich noch, wie der alte Strydom ›die Linie gezogen‹ hat? Ihr Kinder habt immer so gelacht, daß ich mich deswegen geschämt habe.« – »Erinnerst du dich noch, wie es war, als die Weiße-Ameisen-Männer kamen und du dir fast das Bein gebrochen hast?« Konnte es sein, daß diese Ereignisse die Summe des Lebens meiner Mutter waren? Wie kam ich dazu, mich an so etwas zu erinnern? Ich blicke mit Schaudern zurück auf die fünf Zimmer hinter den Erkerfensteraugen und dem Vordertürmund, denn ich habe Meere, Kontinente, verschneite Hauptstädte, Inseln, wo Schildkröten schwimmen, Kathedralen, Theater, Palastgärten, wo Menschen sich küssen und Landstreicher Wein trinken – an all das habe ich mich zu erinnern. Mein Vater ist senil geworden, und sie hat ihn am Ende seines Lebens in einem Heim untergebracht. Sie selbst blieb, obwohl sie eigentlich nicht wollte. Das Haus war eine Belastung für sie, sie hatte die alleinige Verantwortung dafür getragen, für ihn, für uns alle, ihr Leben lang. Nun ist sie tot, und ich nehme an, daß andere in ihrem Haus wohnen, doch die geheimen Gänge, die innere Kammer, in der sie unsere Königin und unsere Gefangene war, sind versiegelt und leer.

Lust auf etwas Süßes

Was für ein langes Leben. Einmal hab ich sogar versucht, eine Frau zu kurieren, die Alkoholikerin war. Das war damals, als ich Beamter war. Ich erinnere mich, wie ich sie kennengelernt habe. Sie saß mit übereinandergeschlagenen Beinen auf der kaputten Bank vor meinem Schalter im Hauptpostamt, als ich vom Mittagessen zurückkam. Sie trug flaschengrüne Strümpfe, und ihre Schienbeine schimmerten durch. Es warteten noch andere Leute darauf, Ferngespräche zu führen. Das war damals meine Aufgabe: Ich hatte zwei, drei Telefone vor mir stehen, ein Buch, um die Vorwahlen, Nummern und Namen einzutragen, und eine Geldkassette, und ich brachte meine Tage damit zu, in anderen Ländern anzurufen und Leute in die Kabine zu schicken, in der sie ihr Telefonat erledigen konnten. Monotonie auf meiner Seite des Schalters; reichlich Aufregung und Kummer auf der anderen. Niemand kam dort ruhig an. So laut schrien sie gegen die am Meeresgrund verlegten Kabel an, daß ich durch die Glaswände der Kabinen mithören konnte, was gesagt wurde. Nicht daß ich ein Wort verstanden hätte: Die meisten waren Ausländer, Einwanderer, die zu Hause in Italien, Spanien, Frankreich, Griechenland, Portugal und Deutschland anriefen.

Anita Gonzalez, ich erinnere mich an dich.
Sie verlangte einen persönlich vermittelten, vom Empfänger bezahlten Anruf an die Adresse ihres Mannes in einer spanischen Kleinstadt. Zumindest benutzte sie seinen Namen, und ich erfuhr erst später von ihr, daß sie nicht verheiratet war. Er hatte das Land verlassen, und sie versuchte ihn ausfindig zu machen, indem sie bei seinen Verwandten anrief und ihnen weismachte, er habe im Ausland geheiratet – er war als Hotelmanager nach Südafrika gekommen. Wenn sie ihn kannten, wie sie ihn kannte, würden sie ihr so viel Glauben schenken wie ihm. Aber die Verbindung kam nicht zustande; die Telefonzentrale des Dorfes hatte niemanden, der Englisch sprach, und es gab einige Verwirrung – ich sagte zu ihr, sie solle es am kommenden Vormittag noch einmal versuchen. Am nächsten Tag wurde der Anruf ohne weiteres durchgestellt, aber der Teilnehmer weigerte sich, die Gebühren zu übernehmen. Ich weiß noch, daß ich die übliche Formulierung benutzt habe: »Sind Sie unter diesen Umständen bereit, selbst zu bezahlen?« Und sie sagte: »Kommt nicht in Frage.« Man gewöhnt sich in so einem Beruf daran, daß die Leute, sagen wir mal, emotional reagieren. Ich habe sie lachen und weinen gesehen, wenn sie aus der Kabine traten, und dieser oder jener wich mir nicht von der Seite, weil er es für undenkbar hielt, daß das Telefon am anderen Ende der Welt in leeren Räumen klingelte oder daß sich die falsche Stimme meldete.
Wir waren an dem Morgen im Amt allein. Ich bot

ihr eine Tasse Kaffe aus meiner Thermosflasche an. Sie sah gut aus, nur irgendwie gezeichnet, was ich als unerfahrener Mensch aber nicht zu deuten wußte. Sie hatte schwarze Haare und rote Wangen. Zwei Linien, die wie Einschnitte im Fleisch aussahen, zogen sich von ihren inneren Augenwinkeln bis knapp unter den höchsten Punkt ihrer Wangenknochen. Immerhin sagte sie eines (nur ich paßte damals nicht auf): »Sie wissen nicht, was Ihnen blüht.« Dann lachte sie und witzelte mit mir über die Leute, mit denen ich in meinem Beruf zu tun hatte. Ich genoß es, ihr meine Geschichten zu erzählen. Ihre Lippen zuckten und verzogen sich mitleidig, gingen ganz auf meine Gefühlslage ein. Als sie sich zum Gehen wandte, sagte ich, es täte mir leid, daß sie ihren Anruf nicht habe erledigen können, und erkundigte mich, ob sie zurückkommen wolle, um es noch einmal zu versuchen. (Ich nahm an, daß ihr das nötige Geld fehlte und sie es erst aufbringen mußte.) Sie antwortete: »Nie und nimmer.« Da sah ich, daß sie viel älter war als ich. Und ich hatte auf einmal das Bedürfnis, den Anruf aus eigener Tasche zu bezahlen. Plötzlich gehörte ich selbst zu den anderen, auf der anderen Seite des Schalters. Ich wußte nicht, was ich sagen sollte, fühlte mich hilflos. Es war mir verwehrt, dem Klang ihrer Absätze in den Korridoren des Postamts hinterherzujagen. Ich konnte sie nicht zurückrufen, selbst wenn ich gebrüllt hätte wie die Leute am Telefon. Von Anfang an empfand ich etwas, das ich nur bei dieser einen Frau empfinden sollte; nicht bloß das gewohnte Anschwellen, sondern ein regelrechtes Pochen dort unten, ein Pulsschlag wie am Handgelenk oder wie der eigene Herzschlag in der Brust. Da stand er, der Name, den ich in mein Register eingetragen hatte (ich wußte damals nicht, daß es nicht ihr richtiger Name war). Nach ihrer Adresse fragten wir die Kunden nicht – weshalb ich nicht feststellen konnte, wohin sie der Klang dieser Absätze führte.

Andererseits war ich nicht wirklich überrascht, als ich mich drei Tage später mit ihr im Aufzug eines Kaufhauses wiederfand. Der Liftboy machte jemanden auf das Rauchverbot aufmerksam, und als die Betreffende im bereitgestellten Sandbehälter ihre Zigarette ausdrückte, war sie es. Ich hatte für den Tag meine Schicht im Postamt hinter mir, und das Kaufhaus hatte bald Ladenschluß; ich blieb in ihrer Nähe, inmitten der Menge, die durch den Hauptausgang hinausströmte, und ich fragte sie, ob sie von der Arbeit komme. »Bin grade erst aufgestanden«, sagte sie, als erzähle sie mir ein Geheimnis. Ich weiß nicht, was sie hatte kaufen wollen; sie war wohl zu spät gekommen, denn sie hatte weder Schachtel noch Tüte dabei. Ich sagte: »Würde es Ihnen was ausmachen, wenn ich ein Stück mit Ihnen gehe?« Ich war zu schüchtern, um sie zu einer Tasse Tee einzuladen, aber ich heftete mich an ihre Fersen, ein kleiner Hund, der sich fortan nicht mehr abschütteln ließ, was immer geschah. »Ich halte nicht viel von frischer Luft«, entgegnete sie. Sie lächelte, als sei sie eigentlich der Meinung, mich loswerden zu müssen, könne sich jedoch nicht dazu durchringen.

Wir gingen in die Bar im Erdgeschoß des alten Langham Hotel, und so fing es an. Ich kehrte zum Abendessen nicht in meine Pension zurück, ich kehrte die ganze Nacht nicht nach Hause zurück. Wir blieben bis ungefähr zehn Uhr sitzen, und ich leerte drei Flaschen Bier, während sie Cola mit Weinbrand trank, ein Glas nach dem anderen. Obwohl sie nicht mehr gerade gehen konnte, sprach sie sich dagegen aus, als ich sie heimbringen wollte, und weigerte sich, mir die Adresse zu verraten. Diese betrunkene Frau sagte mir wie eine Grundschullehrerin, was gut für mich war. Dann gab mir der Barmann ihre Adresse. Er hatte sie wohl schon einmal in ein Taxi setzen müssen. Bei ihr angekommen, trug ich sie ins Haus. Ihre Arme um meinen Hals gaben mir zu verstehen, daß sie sich lediglich an mir festhielt. Jeder x-beliebige hätte meine Stelle einnehmen können. Ich kramte den Schlüssel aus ihrer Manteltasche und betrat die Wohnung, in der sie lebte: ein Junggesellenapartment für Einwanderer, abgewohnt von vielen verschiedenen Menschen, die gekommen und wieder gegangen waren – wäre ich älter gewesen, hätte ich es an den hellen Schatten an der Wand erkannt, wo einmal Bilder gehangen hatten, an den fremden Namen, die an den Rand des Kalenders gekritzelt waren, am Quietschen der Bettfedern, als ich sie niederlegte. Und ihrem Gesicht hätte ich angesehen, was sie war. Unter dem Bett befand sich ein zweites zum Herausziehen, und ich schlief vollständig bekleidet darauf, weil ich Angst hatte, es könne ihr etwas zustoßen –

ich wußte nicht, was, denn ich hatte noch nie eine sternhagelvolle Frau erlebt. Ich hielt es für denkbar, daß sie sterben würde, und noch denkbarer, daß ich sie wieder aus den Augen verlieren würde, daß sie aufwachen und sich aus dem Staub machen könnte. Ich schrieb mir die Adresse der Wohnung auf und steckte den Zettel in ein bis dahin unbenutztes Innenfach der Brieftasche, die ich zu meinem einundzwanzigsten Geburtstag geschenkt bekommen hatte. Wofür dieses Fach eigentlich da war, konnte ich mir nicht erklären. Nun jedenfalls enthielt es die Adresse, und ich schlief in dem Bewußtsein ein, daß sie gegen meine Rippen drückte.
Am Morgen ging es ihr dreckig. Sie behauptete, die Knochen in ihren Füßen täten weh, und ich nahm die Füße zum Wärmen in die Hand: kleiner knochigen Auswuchs am Spann, langer, kaum beweglicher zweiter Zeh, feuchte, überdehnte Nylonstrümpfe, die den Fuß zusammenpreßten und leicht säuerlich rochen, aber nach ihr, der Geruch gehörte zu ihr.
Ich kam zu spät zur Arbeit. Mann, war ich glücklich. Ich hatte zu ihr gesagt, sie solle im Bett bleiben. Ich weiß noch, daß ich in der Mittagspause mit einer Dose Kraftbrühe in ihre Wohnung geeilt bin, mit einem nagelneuen Dosenöffner aus dem Kaufhaus, in dem wir uns wiedergesehen hatten. Wir lachten über den vergangenen Abend, und sie behauptete, es sei ihr unerklärlich, was passiert sei. »Weißt du? Manchmal spürt man schon zwei Drinks. Auf leeren Magen oder wenn man Sorgen oder Kummer hat. Weißt du?« Und schon wußte ich nicht mehr, was

ich wußte, nämlich daß sie eine halbe Flasche Weinbrand getrunken hatte.
Sie war keine Schlampe, obwohl sie so viel trank – wenigstens nicht in der Phase, in der ich sie gekannt habe. Als ich zurückkam, war sie aufgestanden, hatte gebadet, Parfüm aufgelegt und ihr Bett gemacht. Sie trug eine spanische Stola mit bunter Stikkerei und Fransen über ihrem Nachthemd, und es war jetzt deutlich zu erkennen, daß sie keinesfalls jung war. An ihrem Hals machten sich weiche Falten bemerkbar, und ihre Rippen standen nicht vor wie bei einem jungen Mädchen, aber ihre Brüste und Arme waren märchenhaft, noch ganz prall und beweglich, und sie wirkte quicklebendig, als sie mir sagte, wo in ihrer Kochnische dies und jenes zu finden war. Das besondere Pochen begann im selben Augenblick, als ich das Zimmer betrat, in dem sie sich befand; so war es immer. Wenn ich ins Bett stieg und ertastete, wonach ich mich (so schien es mir) verzehrt hatte, seit sie auf dem Postamt vor mir Platz genommen hatte, schlugen die zwei Herzen in meinem Leibe so gewichtig und mit Bedacht, daß es mir den Atem zu verschlagen drohte. Ehrenwort.
Sie schlief wohl dieses erste Mal mit mir, um wiedergutzumachen, daß ich Zeuge ihrer Trunkenheit geworden war. Um mich in die Arme zu nehmen, sich nicht nur an mir festzuhalten. Ich glaube, ich tat ihr leid. Natürlich weiß ich nicht, was sie wirklich empfunden hat; Menschen, die trinken, lügen unaufhörlich. Sie müssen es tun, damit man sie weitertrinken läßt, um sich selbst zu überlisten, nachdem

sie beschlossen haben, die Hände vom Alkohol zu lassen. Die Geschichten aus ihrem Leben, die sie mir erzählte, endeten unvermittelt und stimmten meist nicht mit anderen überein, die sie mir vorher erzählt hatte. So sprach sie einmal von ihrer Mutter und behauptete ein andermal, nie eine Mutter gekannt zu haben, sondern bei einer Tante aufgewachsen zu sein, die sie haßte. Ich hatte in dieser Lebensphase noch nicht viele Leidensgeschichten zu hören bekommen. Ich erkannte sie nicht als solche. Die Tante tauchte in ihren Schilderungen auf, als es passiert war – als ich sie zum wiederholten Mal betrunken vorgefunden hatte. Sie konnte nicht mehr so tun, als wäre es für sie etwas Ungewöhnliches. Sie hatte eine unglückliche Kindheit hinter sich, war mit sechzehn eine idiotische Ehe eingegangen, um von zu Hause wegzukommen. Und so weiter; na, was denn sonst. Aber für mich war das alles neu.

Und doch konnte sie sich einiges von dem, was sie mir erzählte, nicht ausgedacht haben – auf die Sache mit dem kalten Badewasser zum Beispiel konnte niemand von allein gekommen sein, oder doch? Als sie zwei Tage wegblieb, wußte ich, daß sie irgendwo betrunken herumhing, und war außer mir vor Sorge. Aber dann lagen wir wieder zusammen im Bett wie zwei geschwächte Menschen, die sich von einem Unfall erholen. Ich hielt die Augen geschlossen und hatte mir eine dicke Strähne ihres Haars über das Gesicht gebreitet, um hindurchzuatmen – und da erzählte sie mir von dem kalten Badewasser: Sie war sechzehn, ein älterer Mann fand Gefallen an ihr (sie

äußerte sich nie dazu, aber sie muß eine Schönheit gewesen sein) und hielt es für einen gelungenen Witz, sie auf einer Party ein wenig beschwipst zu machen. Zu Hause öffnete die Tante die Vordertür und sah sie auf den Mann gestützt kichernd dastehen. (Es war für sie das erste Mal: Ich nehme an, daß sie mir das mitteilen wollte.) »Ich hab mir sehnlich gewünscht, daß meine Tante mir zulächelt, das ist alles. Daß sie mir nur einmal ein Lächeln schenkt. Sie hatte immer solche Lutschbonbons im Haus, harte Pfefferminzbonbons – wie kleine Glasbausteine sehen die aus, weißt du? Die bekamen wir, wenn wir besonders brav waren, und ich habe darauf gewartet, daß sie lächelt, so wie ich früher als kleines Kind gewartet habe, ob ich ein Bonbon bekomme oder nicht. Durch das ganze Haus habe ich sie damals mit Blicken verfolgt, jede ihrer Bewegungen, so groß war meine Lust auf was Süßes. Aber die Tante ließ mich von dem Mann und meinem Onkel ins Bad tragen und füllte selbst die Wanne mit kaltem Wasser. Dann zog sie mir in Gegenwart aller die Kleider aus und veranlaßte die beiden, mich hineinzusetzen. Es war so kalt, mein Gott, war das kalt. Sie hielt mich fest. Dann wurde mir schlecht, und sie dachte nicht daran, mir zu helfen. So kalt, so kalt das Wasser. Ich war ein dummes Ding, hatte wirklich auf das Lächeln gewartet, als sie zur Tür kam. Ich wußte nicht, daß sie mich haßte.«
»Und warum hat sie dich gehaßt?«
Die rosa Haut zwischen ihren Augen und die Einschnitte, die sich quer über ihre Wangenknochen

zogen, waren von dem, was sie in den letzten paar Tage durchgemacht hatte, stark aufgedunsen, und ihre schönen Augen hatten rote Äderchen vor dem Blau unter der gezupften Form ihrer schimmernden schwarzen Brauen, unter Wimpern, die mich an den weichen Handbesen denken ließen, den mit dem Blumendekor auf der Rückseite, der in unserem Haus auf der Farm benutzt wurde, um die Krümel vom Tisch zu fegen. Sie wirkte wie ein junges Mädchen – und ich war verrückt nach ihr, wenn sie sich so hochmütig, gehässig und natürlich benahm, daß man meinen konnte, es sei alles in Ordnung mit ihr –, als sie zur Antwort gab: »Neidisch war sie. Wegen meiner Haare. Bei ihr konnte man die Kopfhaut durchschimmern sehen.« Das schwarze Haar war durchaus etwas, um das man sie beneiden konnte. Die roten Wangen waren ihre eigenen (echter irischer Teint, von ihrem Großvater), aber ich nehme an, das Haar war gefärbt, als ich sie kannte.

Bei anderer Gelegenheit erzählte sie mir von dem kalten Badewasser so, als habe sie es ihrer Tochter zugemutet – der Tochter, mit der sie keinen Kontakt mehr hatte. Angeblich wußte sie nicht, wo es war, ihr Kind aus der »lausigen Ehe«, über die sie nicht viel erzählte. Sie mache sich Vorwürfe, sagte sie, weil sie sich wie eine Idiotin benommen und wegen des armen Kindes den Kopf verloren habe. Inzwischen war mir klar, daß sie so davon erzählte, weil sie selbst Alkoholikerin war und andere Alkoholiker bestrafen mußte. »Alles, was das Kind brauchte, war jemand, der ein freundliches Wort zu ihm sagt. Um ihm die Angst zu nehmen.«

Ich begann allmählich zu verstehen, daß Alkohol die Menschen innerlich spaltet – eine komische Sache –, so daß sie zu verschiedenen Menschen werden, in verschiedenen Phasen des Lebens, aber in einem Körper vereint. Und all die Mädchen und Frauen in dieser einen Frau schoben sich gegenseitig die Schuld in die Schuhe für das, was sie war. Was ihr angetan wurde und was sie getan hatte, war für sie ein und dasselbe.

Natürlich kam ich auf die Idee, sie zu kurieren. Auf die verrückte Idee, sie erst einmal mit hinauszunehmen aufs Land. Mein älterer Bruder und seine Frau, die seinerzeit die Farm betrieben, weil mein Vater bereits bettlägerig war, waren Abstinenzler und gaben ihr Einverständnis. Es war kein Tropfen im Haus. Ich verriet ihr nicht, daß mein Jahresurlaub noch gar nicht anstand und daß ich drei Wochen unbezahlten Urlaub erbettelt hatte, unter dem Vorwand, daß mein Vater im Sterben liege und niemanden habe, der sich um die Farm kümmert. Ich wollte sie mit fortnehmen, heraus aus der Stadt, ganz für mich allein und so bald wie möglich. Ich weiß nicht, wie ich es geschafft habe, daß die Familie meine Geschichte schluckte: Du, Anita Gonzalez, warst die Witwe meines besten Freundes, eines Mannes, der auf dem Postamt in Johannesburg mit mir zusammengearbeitet hatte, und du warst dabei, dich von einer Krankheit zu erholen, die die Erschütterung über seinen Tod ausgelöst hatte.

Ich schärfte ihnen ein, den Ehemann nur ja nie zu erwähnen. Was ich ihr erzählt habe, weiß ich nicht mehr. Alles, was seltsam an ihr war, lasteten die anderen ihrer Nervenschwäche an. Daß ich so einen großen Teil meines Urlaubs darauf verwandte, mit ihr auf der Farm spazierenzugehen, würde man, so hoffte ich, auf ein Versprechen zurückführen, das ich meinem Freund an seinem Totenbett gegeben hatte. Seit ich in der Stadt lebte, war ich überzeugt, daß die Menschen auf dem Land, wo ich herkam, bereit waren, so etwas zu glauben.

Die ersten paar Tage waren himmlisch – für mich. Sie wurde im Sommerhaus drunten bei den Fliederbüschen einquartiert, weil sie Ruhe brauchte und nicht von den Kindern meines Bruders gestört werden sollte – und weil ich vorhatte, aus dem Haus zu schlüpfen und jede Nacht bei ihr zu schlafen. Ich weiß nicht, was sie dachte. Ich weiß nicht, warum sie mitkam; das Geld, das ihr der spanische Hotelmanager dagelassen hatte, war aufgebraucht, nehme ich an. Vielleicht trug sie sich wirklich mit dem Gedanken, mit dem Trinken aufzuhören; eine der Persönlichkeiten in ihrem Inneren war immer überzeugt, daß sie einen neuen Anfang machte.

Mein Bruder hielt im Nebenerwerb Hühner – wenige Tage alte Küken, um den Markt für Geflügel aus Intensivhaltung zu beliefern. Sie half mir, sie zu füttern, indem sie an die alten Ölkanister klopfte, damit die Kleie, die ich oben hineinschüttete, richtig dosiert durch die Löcher im Boden rieselte, um die Tröge zu füllen. Sie hatte immer in der Stadt gelebt

und war überrascht, wie vernünftig Säugetiere und Vögel sich benehmen; alles, was sie taten, versetzte sie in Erstaunen. Auf den Baumwollfeldern fanden wir die V-förmigen Huf- und Kratzspuren eines Rehbocks, und sie rief mich, damit ich mit eigenen Augen sah, daß auch die ausgekratzte Mulde ein V war, denn der Huf kann nur seine eigene Form kratzen. Der Bau eines Erdferkels kam ihr vor, als sei er von einem Geschöpf mit Fingern und Händen angelegt worden – und sie gruselte sich davor. Ich wünschte mir, ihr das nette, harmlose alte Tier zeigen zu können, aber das läßt sich tagsüber niemals blicken. Ich ging am Damm Flußbarsche angeln, aber nur, um sie dorthin mitzunehmen; sie konnte neben mir liegen und sich braunbrennen lassen, und wir waren hinter der Brüstung des Damms nicht zu sehen. Die Stare mit dem glänzenden Gefieder, die auf den Telefondrähten saßen, hatten genau die Farbe ihres Haars in der Sonne. Sie hatte nie reiten gelernt und fürchtete sich vor Pferden, wollte aber wie alle Frauen die neugeborenen Kälber streicheln. Sie versuchte, eines der halbwilden Kätzchen auf dem Hof zu zähmen, aber es zerkratzte ihr den Hals. Als meine Schwägerin in meinem Beisein den Kratzer desinfizierte, merkte ich ihr an, daß alle wußten, daß der kleine Bruder mit dieser Frau schlief, und daß sie es mißbilligten.
Nie begriffen habe ich, wie sehr sie auf der Farm gelitten haben muß. So unerfahren war ich. Ich nehme an, mir war klar, daß der allabendliche Geschlechtsverkehr, wenn ich spät zu ihr ins Zimmer

kam, ihr aus irgendeinem Grund kein Vergnügen bereitete, daß sie nichts davon hatte. Aber es war wohl schwer zu begreifen, daß etwas, das mich so verrückt machte, dem ich den ganzen Tag entgegenfieberte, pochend und in ihren Anblick vertieft, bei ihr keine Wirkung zeitigen sollte. Ich konnte nicht anders: Ich war glücklich. Eines Nachts, als sie ununterbrochen weinte und »Ich kann nicht, ich kann nicht« sagte, glaubte ich, daß sie den Liebesakt meinte. Ich war furchtbar enttäuscht und von der Vorahnung geplagt, daß ich verstoßen und wieder zu dem Leben gezwungen werden könnte, das ich gewohnt war, einem Leben ohne Frau. Ich wußte nicht, was ich tun sollte. Wenn ich nur mit jemandem hätte reden können – mit meinem Bruder. Aber ich traute mich nicht, hatte Angst, sie darüber zu verlieren. Wie einsam ist doch ein Ort wie Johannesburg, wenn man ein junger Mann ist und nicht viel Geld hat, um damit um sich zu werfen. Wenn nur jemand zu mir gesagt hätte: Es ist alles gut.

Dann fing sie an, den ganzen Tag auf der Farm herumzuwandern, einfach zu verschwinden und nicht zu den Mahlzeiten zu erscheinen, und ich mußte herumgehen und die einheimischen Knechte, ja sogar deren Kinder fragen, ob sie sie gesehen hatten. Sie sprach kein Afrikaans und konnte sich nicht mit ihnen verständigen, aber ich ertappte sie dennoch ein-, zweimal beim Spiel mit den schwarzen Kindern, die über sie lachten. Sie verlangte von mir, sie auf dem Traktor mitfahren zu lassen, den ich zur Suche nach ihr benutzt hatte. Vor allem am Spätnachmittag zog sie los und streifte meilenweit durch die Gegend, ich immer nebenher. Dabei hatte ich immer das Gefühl, daß ich ihr gegen ihren Willen folgte, und sie konnte, so schien es, nicht mit mir reden. Während unsere beiden Schatten uns lang vorauseilten, schien sie zu wissen, wohin wir unterwegs waren. Sie kaute Grashalme und spuckte. Einmal blieb sie wie angewurzelt vor einem Busch voller gelber Beeren stehen, den wir *stinkblaar* nennen. Ich sagte: »Die sind giftig. Das bekommen wir schon als Kinder gesagt – eine Beere genügt, und es ist aus und vorbei.« Und dann gab es da noch den Dornbaum, den Schlafbaum der Finken. Ich hatte nach ihr gesucht – sie war allein losgezogen, während ich meinem Bruder half, einen Zaun zu errichten –, und ich traf an diesem Baum auf sie. Die Vogelschar flog zwischen uns und breitete sich wie eine Tischdecke über dem Baum aus – das ist ein schöner Anblick, und ich freute mich, daß sie Gelegenheit hatte, es zu sehen. Als wir näher kamen, fühlten sich die Vögel gestört und stoben in Wolken erst von einem, dann vom nächsten Ast hoch. Es waren Tausende, nicht größer als ein Daumen, blaßblau und rehbraun, und sie zwitscherten so laut, daß es einem in den Ohren dröhnte. Sie sagte etwas, und ich konnte nicht verstehen, was. Dann hob der ganze fliegende Teppich ab. Ich hörte sie sagen – und sie kam hiernach oft und immer wieder gegen Sonnenuntergang zu mir und sagte es: »Ich brauch was zu trinken – liebe mich.«

Wie konnte ich. Dort, auf freier Wildbahn? Wo je-

derzeit der Viehtreiber oder ein Eingeborenenkind vorbeikommen konnte, vielleicht sogar mein Bruder? Ich konnte mit ihr auch nicht am hellichten Tag ins Sommerhaus. Das wußte sie genau. Die Kinder meines Bruders spielten im Garten, rannten hinein und wieder heraus.
Wir taten es dennoch ein-, zweimal. Die Kleidung nur soweit aufgeknöpft, daß wir aneinander herankamen. Hinterher ging sie ins Sommerhaus und schlief, ohne zum Abendessen zu kommen. Meine Schwägerin zuckte die Achseln und räumte das Gedeck ab, das für sie vorgesehen war.
Sie kamen ihr auf die Schliche, weil sie den Hustensaft der Kinder austrank. Die Flasche Methylalkohol angeblich auch, aber das glaube ich nicht. Ich denke, der Küchenboy hat ihr die Schuld in die Schuhe geschoben. Ich mußte mir sagen lassen, daß sie wesentlich älter sei, als ich behauptet hätte, mindestens fünfzehn Jahre älter als ich. Ich sei, hieß es, noch ein ganz junger Bursche und würde mein Leben vergeuden. Sie hatten recht. Ich heulte in ihrer Gegenwart wie ein Baby. Ich hatte nur vor einem Angst – daß sie sie wegschaffen würden, daß ich nie wieder in ihr sein, nie wieder die süße Wonne spüren durfte, egal wie lange ich wartete. Das konnte ich ihnen natürlich nicht sagen. Sie sorgten dafür, daß sich der Pfarrer nach der Kirche mit mir zusammensetzte; ich benahm mich ihm gegenüber schlecht. Ich drohte damit, daß sie mich nie wiedersehen würden, wenn sie sie fortschickten. Aber sie knöpften sie sich persönlich vor, nicht wegen des

Alkohols, sondern wegen des Altersunterschieds, und sie ging freiwillig. Recht hatten sie. Sie sagte: »Bleib, bis dein Urlaub zu Ende ist. Mach keinen Aufstand. Ich werde in der Wohnung sein.« Von da an wurden dauernd Nachbarstöchter auf die Farm geholt, und ich wurde genötigt, ländliche Tanzabende zu besuchen. Ich würdigte keines der Mädchen auch nur eines Blickes.

Aber recht hatten sie doch.

Anita Gonzalez.

Auch sie hatte recht gehabt, als sie damals im Postamt zu mir gesagt hatte: »Sie wissen nicht, was Ihnen blüht.« Das ist jetzt einunddreißig Jahre her. Ich denke nicht oft an sie. Wie ich meinen eigenen Söhnen habe sagen müssen: Es gibt mehr im Leben, als hinter Frauen herzurennen. Ich selbst mußte schwer kämpfen, bis ich es zu etwas gebracht hatte, und die Hauptsache ist, daß man eine Frau hat, die bereit ist, am selben Strang zu ziehen und ein anständiges Haus wie das zu führen, in dem sie hatten aufwachsen dürfen. Zweimal habe ich alles verloren und mußte wieder von vorn anfangen; das Baugewerbe birgt große Risiken, aber ich habe es weit gebracht seit dem Anfängergehalt, das ich beim Hauptpostamt bezog. Ich habe mir jemanden als Geschäftspartner ausgesucht, der mich ausgeplündert hat, aber ich habe Leute wie ihn nicht einmal, sondern zehnmal ausbezahlt, mit Zins und Zinseszins, das können Sie mir glauben. Man lernt, seine eigenen Interessen zu wahren und sich nicht darum zu kümmern, was die Leute über einen sagen. Man fängt mit nichts an, und dann macht man alles durch, was einem blüht. Wenn man mit dem Zahnfleisch Probleme hat, heißt es, man soll weniger Fett essen und seinen Alkoholkonsum zurückschrauben, und Salz soll man auch meiden, wegen des Blutdrucks. Egal, wie viele Frauen man gehabt hat: Die Mädchen am Strand nehmen einen irgendwann nicht mehr wahr. Das ist nur natürlich. Zwischen Mann und Frau ist es das, was man gemeinsam hat – Kinder und Enkelkinder, angelegtes Geld, Grundbesitz –, was einen letztlich zusammenschweißt. Alles übrige verflüchtigt sich. Ganz natürlich ist das. Als ich damals nach Johannesburg zurückkehrte, erwartete die Frau von mir, daß ich dauernd zu ihr in die Wohnung kam. Blieb ich weg, rief sie im Amt an oder kam auf der Suche nach mir vorbei. Man ließ mir eine Nachricht zukommen: Deine Schwester oder Mutter oder wer auch immer war da. So etwas ist einem jungen Burschen peinlich. Ich hatte inzwischen Freunde in meinem eigenen Alter. Ich mußte ihr Geld geben, obwohl ich selbst nicht gut bei Kasse war. Nachdem ich beim Postamt gekündigt hatte, wußte sie nicht, wo ich zu finden war. Armes Ding. Ich sehe die Trinkerinnen in den Parks, und mir ist klar, daß sie eine davon sein könnte. Gutes Aussehen ist nicht von Dauer, selbst wenn eine Frau ein anständiges Leben führt. Wer wollte glauben, daß sich ein ordentlicher junger Mann mit einer Frau einläßt, der ein solches Ende bevorstehen könnte. Anita Gonzalez – so lautet der Name, den ich vor so vielen Jahren in mein Register eingetragen habe,

aber Gott weiß, wie sie wirklich hieß, ihren richtigen Namen habe ich längst vergessen.
Gerade heute abend habe ich wieder einmal an sie gedacht, als ich direkt vor dem Abendessen aus dem Hotel kam. Ich hatte mich mit meiner Frau gestritten; nichts Besonderes, nur das Übliche zwischen Leuten, die lange verheiratet sind. Ich gehe meist allein auf Geschäftsreise, und vielleicht ist es besser so. Meine Frau gehört zu den Menschen, die nicht widersprechen, sondern einen ins Unrecht setzen, indem sie nachgeben. Wenn mir ein Angestellter unterkommt, der so ist, werde ich ihn sofort los. Ich verließ also das Hotel, um eine Weile allein zu sein und mir Bewegung zu verschaffen, und ich ging ungefähr anderthalb Kilometer die Strandpromenade entlang. Meine Frau hat sehr zugenommen, wie ihre Mutter vor ihr. Diese Frauen rühren sich ohne Auto nicht vom Fleck. Auf einmal wurde ich auf das alte Robbenbecken aufmerksam, das immer dort gewesen war, und ich stieg von der Promenade herab, um zu sehen, ob die Robben noch da waren. Es ist feucht an dieser Küste, und ich konnte sie schon aus der Ferne riechen. Aber es ist ein natürlicher Gestank, und dann kommt noch der Salzgeruch des Meeres hinzu. Ich war allein, wie man es an einem Ort ist, wo es tagsüber von Menschen wimmelt, die gaffen und die armen Tiere quälen – der Zementboden war übersät mit Kartoffelchiptüten und Orangenschalen. Das Robbenmännchen war aus dem Wasser gestiegen und lag ganz still mit offenem Maul auf dem Rücken, wie sie es tun, wenn sie dar-

auf warten, mit Fisch gefüttert zu werden oder mit etwas anderem, das sie zu erwarten gelernt haben – Erdnüsse oder Süßigkeiten, die die Besucher ihnen zuwerfen. Das Meer schwappte sacht über den Rand ins Becken. Die Weibchen glitten vor ihm leise unter Wasser vorbei. Sie vollführten Kreise und Spiralen, ohne das Licht zu brechen, das die Oberfläche bestrich. Der Schatten des Männchens fiel lang über den Zement. Meiner auch. Die Robben merkten nicht, daß jemand da war. Das Männchen grunzte, ohne das Maul zuzumachen, und witterte die vom Meer heranwehende Luft. Die Weibchen steckten ihre Köpfe aus dem Wasser, ohne daß es sich kräuselte, und tauchten wieder unter, um erneut aneinander vorbei und umeinander herum zu gleiten. Die hereinbrechende Nacht begrub sie in finsterem Wasser; bald konnte ich kaum noch erkennen, daß sie da waren. Und das Männchen lag allein mit offenem Maul da – hungrig vielleicht? Ich begriff wieder einmal nichts.

Du hattest recht, es trifft alles ein, was einem blüht. Es geht nicht an, daß du die ganze Nacht so sitzen bleibst. Du mußt aufstehen, zurück ins Hotel gehen. Du wirst erwartet. Und du wirst in höchstens fünfzehn Minuten dort sein, egal wieviel Zeit du dir läßt.

Mündliche Nachrichten

Seit jeher hat es in Dilolo ein Haus gegeben, das aussah wie das eines weißen Mannes. Es war aus Backstein, und in seinem Dach spiegelte sich das Licht der Sonne. Man konnte es zwischen den Mopanibäumen hindurch blitzen sehen, so wie das Blitzen der Paraffinkanister auf den Köpfen der Frauen, wenn sie darin das Wasser vom Fluß heraufholten. Die übrigen Häuser waren aus grauem Flußschlamm erbaut, dem man mit der hohlen Hand Form gegeben hatte; ihre Dächer waren aus Schilfrohr und Stangen aus Mopaniholz, von denen man das Laub wie Fischschuppen abgestreift hatte.

Es war das Haus des Häuptlings. Manche Häuptlinge haben sogar ein Auto, doch dieser war kein so bedeutender Häuptling, dazu war sein Clan nicht groß genug, und die Regierung zahlte ihm das übliche Gehalt. Hätten sie ihm ein Auto gegeben, hätte er nicht viel damit anfangen können. Es gibt keine Straßen: die Viehherde des Clans schreckt jedesmal zusammen, wenn die Landrover der Militärpatrouille durchs Unterholz zum Dorf gefahren kommen. Das Dorf steht schon sehr lange hier. Der Großvater des Häuptlings war der Chef des Ältestenrates, und er trägt den gleichen Namen wie jener Häuptling, der

seinen Kriegern gebot, die Speere abzulegen, und der als erster eine Bibel von den weißen Männern der Scottish Mission Board annahm. *Wer suchet, der findet*, sagten die Missionare.
In dieser Gegend schauen die Leute längst nicht mehr auf, wenn die stachelförmigen Militärmaschinen zweimal am Tag übers Dorf fliegen. Nur die Fischadler schrecken hoch, erheben sich kreischend, recken die prächtigen Hälse ihrer himmlischen Domäne entgegen, die man ihnen streitig macht. Die Männer, die fort gewesen sind, um in den Minen zu arbeiten, können zwar lesen, aber eine Zeitung gibt es hier nicht. Im Radio hören die Leute immer die amtlichen Zahlen, wie viele Sprengstoffanschläge auf Militärlastwagen verübt wurden und wie viele weiße Soldaten mit allen militärischen Ehren bestattet werden sollen – was offensichtlich die Art ist, wie Weiße mit ihren Toten umgehen.
Der Häuptling hatte ein Radio, und er konnte lesen. Er las den Anführern den Brief von der Regierung vor, in dem stand, daß jeder mit Gefängnis bestraft würde, wenn er denen, die gegen die Regierungstruppen kämpften, Unterschlupf, Nahrung oder Wasser gäbe. Er verlas einen weiteren Brief der Regierung, der ankündigte, daß ab sofort jeder, den man nach Einbruch der Dunkelheit im Busch anträffe, auf der Stelle erschossen werde. Dies um das Dorf vor jenen Männern zu schützen, die sich über die Grenze schlugen, mit Gewehren bewaffnet zurückkehrten und Menschen mordeten und ihre Hütten niederbrannten. Von den jungen Männern, de-

nen es hätte gefährlich werden können, wenn sie sich wie gewohnt auf den Weg in die Nachbardörfer machten, um dort zu trinken und die jungen Frauen zu umwerben, waren viele ohnehin längst nicht mehr unter der Obhut des väterlichen Hauses. Die Jungen machten sich davon: einst, um in den Minen zu arbeiten, heute – so hieß es im Radio – über die Grenze, um sich auf der anderen Seite zum Kämpfer ausbilden zu lassen. Die Söhne des Dorfes ließen die Lichtung mit den Lehmhütten hinter sich, sie gingen am Haus des Häuptlings vorbei, vorüber an den Kindern, die mit ihren kleinen Landrovern spielten, die sie aus gebogenem Draht denen der Militärpatrouille nachgebaut hatten. Die Kinder riefen ihnen zu: »Wo willst du hin?« Die jungen Männer gaben keine Antwort, und sie kehrten nicht mehr zurück.

Es gab eine aus Lehm und Mopaniholz erbaute Kirche, mit einer Mopanistange als Fahnenmast, an dem eine weiße Fahne wehte, wenn jemand im Dorf gestorben war; das Bestattungszeremoniell richtete sich im großen und ganzen nach dem, was die Missionare aus Schottland eingeführt hatten, und es war mit Elementen älterer Rituale kombiniert, wobei die Verstorbenen den Ahnen anvertraut wurden. Unter lautem Klagegeschrei wurden sie von Frauen mit weißbemalten Gesichtern auf den Weg geschickt zum Jüngsten Gericht der Missionare. Die Namen, mit denen man die Kinder taufte, wurden durch Orakel bestimmt; die Mutter ging hierbei mit einem alten Mann zu Rate, der aus lauter kleinen Knochen, die er aus einem Hornbecher schüttete, das unabwendbare

Schicksal las. Fast an jedem Samstagabend und auch sonst zu jeder Gelegenheit gab es einen Bierumtrunk mit selbstgebrautem Bier, an dem auch der Häuptling teilnahm. Für ihn holte man einen richtigen Stuhl aus seinem Haus herbei, während es sich alle anderen auf dem Sandboden bequem machten; und ihm gebührte auch der allererste Schluck, aus einer alten, verzierten Kürbiskelle (die anderen tranken aus Sardinenbüchsen oder Baked-Beans-Dosen) – wie es Sitte ist bei den Leuten im Dorf.

Und so ist es auch Sitte bei dem ganzen Stamm, zu dem der Clan gehört, und auf dem ganzen Subkontinent, auf dem der Stamm beheimatet ist, von Matadi im Westen bis nach Mombasa im Osten, von Entebbe im Norden bis nach Empangeni im Süden, daß bei einem Bierumtrunk ein jeder als Gast willkommen ist. Kein Reisender, niemand, ob er nun in seinem Einbaum den Fluß hinunter stakt oder mit den Reifen seines Fahrrads seine schlangenartig gewundene Spur im Sand zurückläßt; keiner, der – wenn die Hunde neben den Feuerstellen eingeschlafen sind und die Kinder ihre selbstgebauten Highways verlassen haben – sein Nahen ausschließlich durch das trockene Knistern des Laubes ankündigt, während er, von niemandem gesehen, durch Meile um Meile Mopanidickicht näher kommt – keiner, der nicht gern gesehen wäre bei einer solchen Gelegenheit. Im Umkreis von Dilolo hat auf weite Strecken beiderseits der Grenze jeder die gleiche schwarze Haut, spricht die gleiche Sprache und ist gleich gastfreundlich. Bevor die Regierung damit anfing, nachts auf Leute zu schießen, um zu verhindern, daß sich immer mehr junge Männer davonstahlen, wenn alle im Dorf schliefen und keiner fragte, wohin willst du?, hatten sich die Leute nichts dabei gedacht, einen Fußmarsch von zehn Meilen ins nächste Dorf zurückzulegen, wenn es dort einen Bier-Umtrunk gab.

Aber jetzt sah man nur noch selten ein fremdes Gesicht. Fiel einmal der Schein des Feuers auf ein solches Gesicht, zog es sich schleunigst wieder ins Dunkel zurück. Keiner machte dann irgendeine Bemerkung über das Gesicht. Auch nicht der kleinste Junge, der kein Auge von ihm lassen konnte, während er zwischen den Knien der Männer kauerte, die kleinen Lippen vor lauter Staunen fest zusammengebissen, als würden sie von einer großen, unsichtbaren Erwachsenenhand zusammengehalten. Die jungen Mädchen kicherten und flirteten wie immer aus dem Hintergrund. Die älteren Männer unterließen es, nach Neuigkeiten über Verwandte oder Freunde zu fragen, die außerhalb des Dorfes wohnten. Der Häuptling schien kein einzelnes Gesicht oder überhaupt irgendwelche Gesichter genauer anzublicken. Statt dessen ruhte sein Blick auf ein paar der Stammesältesten. Sein Blick war starr, und sie spürten es.

Eines Morgens trat er in aller Frühe aus der Hintertür seines Backsteinhauses heraus auf die glattpolierten Betonstufen und winkte einen von ihnen zu sich. Der Mann kam gerade mit seinen dahintrottenden Kühen und seinen meckernden Ziegen vorüber;

er hielt an wie ein Mann, der im nächsten Augenblick, ohne seinen Marschrhythmus zu unterbrechen, weitergehen will. Doch der Wink galt ihm. Gleich ihm trug auch der Häuptling ein zerschlissenes, kragenloses Hemd und eine alte Hose, doch war er nie barfuß unterwegs. In der einen Hand, um deren Gelenk er eine wuchtige, stählerne Armbanduhr trug, hielt er seine Brille mit dem klobigen Gestell, und mit den Fingern der anderen Hand zupfte er an seiner Nase; er hatte die respektgebietende Haltung eines Mannes, der noch im Vollbesitz seiner sexuellen Potenz ist, doch seine Augen blinzelten im Gegenlicht der Sonne, und in den Augenwinkeln sonderten sich winzige Partikel einer Substanz ab, die wie Cold Cream aussah. Nach der Begrüßung, wie sie üblich ist zwischen einem Häuptling und einem seiner Gefolgsleute, mit dem er sich einst als Junge nach dem Beschneidungsritual in dem Versteck im Mopaniwald erholt hatte und mit dem er dann als Mann ins Dorf zurückgekehrt war, sagte der Häuptling: »Wann wird dein Sohn zurückkommen?«

»Ich habe nichts Neues erfahren.«

»Arbeitet er jetzt in den Minen?«

»Nein.«

»Dann ist er zu den Tabakfarmen gegangen?«

»Er hat uns nichts gesagt.«

»Geht fort, auf Arbeitssuche, und sagt seiner Mutter nichts davon? Was ist das für ein Sohn? Habt ihr ihm denn keinen Respekt beigebracht?«

Die Ziegen leckten an drei verkrüppelten Sträuchern – dies war alles, was noch übrig war von der

Hecke, die einst rund ums Haus des Häuptlings geführt hatte. Der Mann zog eine runde Blechdose hervor, an der die Bißspuren von Kindern zu sehen waren, und vorsichtig, damit nichts von dem Schnupftabak verlorenging, nahm er eine Prise. Er gestikulierte in Richtung seiner Ziegen, wie um sich der Billigung des Häuptlings zu versichern: »Sie fressen dein Haus auf...« Er schien sich darauf zu besinnen, daß die Tiere weitergetrieben werden sollten.
»Es ist nichts mehr da, das sie fressen könnten.« Der Häuptling schenkte seiner Hecke, die seine älteste Frau, die in der Mission flußaufwärts zur Schule gegangen war, einst gepflanzt hatte, keine Beachtung. Er stand zwischen den Ziegen, und es sah aus, als wolle er noch weitere Fragen stellen. Dann drehte er sich um und ging zurück in seinen Hof und ließ die Sache damit auf sich beruhen. Der andere Mann schaute ihm nach. Fast schien es, als wolle er ihm etwas nachrufen, doch statt dessen trieb er seine Tiere weiter voran, mit seinem üblichen Geschrei, doch unnötig laut und oft.
Oft kam eine Militärpatrouille mit dem Landrover ins Dorf. Wann sie kam, ließ sich nie voraussagen, denn es war unmöglich, einfach die Tage dazwischen zu zählen und auf diese Weise auszurechnen, wann sie wiederkommen würde – wie man das im Falle eines Steuereinnehmers oder des Beamten tun konnte, der kam, um das Dippen des Viehs zu überwachen. Doch wenige Minuten, bevor der Landrover auf der Bildfläche erschien, konnte man ihn schon durchs Mopaniunterholz brechen hören wie

ein verwundetes Tier; eine Staubwolke überm Horizont zeigte an, aus welcher Richtung er kam. Die Kinder rannten los, um es im Dorf zu erzählen. Die Frauen gingen von Hütte zu Hütte. Eine der Häuptlingsfrauen genoß die Bedeutung, die ihr als Überbringerin dieser Nachricht zukam: »Die Regierung kommt euch besuchen.« So stand der Häuptling bereits vor dem Haus, wenn der Landrover anhielt und ein schwarzer Soldat (der in Richtung des Häuptlings die nötige respektvolle Grußformel in der Landessprache murmelte) heraussprang und dem weißen Soldaten die Wagentür öffnete. Der weiße Soldat hatte die ganzen Namen der Häuptlinge in dieser Gegend auswendig gelernt. Er grüßte ihn mit der gewohnten Brüskheit des weißen Mannes: »Alles in Ordnung hier?« Und der Häuptling erwiderte: »Alles in Ordnung.« – »Gab es irgendwelche Belästigungen hier im Dorf?« – »Niemand behelligt uns.« Doch der weiße Soldat gab seinen schwarzen Männern ein Zeichen, und sie nahmen jede Hütte einzeln in Augenschein, emsig wie eine Hausfrau beim Hausputz, schlugen das Bettzeug zurück, stießen mit ihren Gewehrkolben in den Haufen aus Asche und Abfällen, in denen die Hühner herumscharrten; und sie schauten sogar, da mußten sich ihre Augen erst an das Dunkel gewöhnen, in jene Hütte hinein, in der man eine der alten Frauen untergebracht hatte, die nicht mehr ganz klar im Kopf war. Der weiße Soldat stand neben dem Landrover und wartete, bis sie zurückkamen. Er erzählte dem Häuptling, was sich nicht allzuweit vom Dorf entfernt abspielte, es war in der Tat nicht weit entfernt. Die Straße, die fünf Kilometer weiter vorbeiführte, war gesprengt worden. »Die verminen die Straße, und kaum haben wir sie wieder instandgesetzt, legen sie neue Minen. Diese Burschen kommen von der anderen Seite des Flusses, und sie kommen hier durch. Sie jagen unsere Fahrzeuge in die Luft und bringen unsere Leute um.«

Die Köpfe der Umstehenden gingen hin und her, als hätten sie den grauenvollen Anblick der Leichen unmittelbar vor sich.

»Die werden auch euch killen – werden eure Hütten in Brand stecken und euch allesamt abmurksen –, wenn ihr ihnen Unterschlupf gewährt.«

Eine Frau wandte ihr Gesicht ab: »Aiiie! Aiiie Aiiie!« Sein Zeigefinger beschrieb einen Halbkreis vor seiner Zuhörerschaft. »Ich wollte es euch jedenfalls gesagt haben. Ihr werdet sehen, wozu die fähig sind.«

Die jüngste Frau des Häuptlings, die er erst im vorigen Jahr geheiratet hatte und die etwa im gleichen Alter war wie die älteren seiner Enkel, war nicht herbeigelaufen, um dem weißen Mann zu lauschen. Aber sie hörte es von den anderen, was er gesagt hatte, und während sie mit heftigen, energischen Bewegungen das Öl in ihre Beine massierte, wollte sie vom Häuptling wissen: »Warum will er bloß, daß wir alle sterben, der weiße Mann!?«

Ihr Gatte, der eben noch ein vor Leidenschaft bebender Liebhaber war, wurde von einem Augenblick zum nächsten wieder zu einem der ehrwürdigen Alten, zu denen sie nicht gehörte, und mit denen sie infolgedessen auch nicht debattieren konnte. »Du sprichst über Dinge, von denen du nichts weißt. Rede nicht, nur um ein Geräusch von dir zu geben.«

Um ihn zu strafen, nahm sie das kräftige kleine Mädchen, das sie ihm geboren hatte, und ging hinaus aus dem Zimmer, in dem sie mit ihm das große Bett teilte, das auf einem Kahn den Fluß herab gekommen war, bevor die Maschinengewehre der Soldaten aufs gegenüberliegende Ufer gerichtet waren.

Er tauchte vor der Hütte seiner Mutter auf. Hier wurde der Mann mittleren Alters, auf den alle im Dorf angewiesen waren und an den sich die Regierung hielt, wenn es darum ging, Steuern einzutreiben oder bestimmte Dinge herauszufinden, zum Sohn – alterlos, ganz gleich, wie oft er auch von einer Altersgruppe in die nächste wechseln mochte im Laufe ihrer beider Leben. Die alte Frau war gerade mit ihrer Toilette beschäftigt. Sie hockte vor der Tür, um sie herum ruhte die ganze Fülle ihres Körpers auf der Schilfrohrmatte, auf der sie saß. Er ließ sich auf einem herbeigezogenen Hocker nieder. Ein kleiner Frisierspiegel stand in Reichweite, mit einem rosa Plastikrahmen und ebensolchem Ständer, in dem er einen kurzen Blick auf sein verkniffenes Gesicht erhaschte. Ein großer schwarzer Kamm; eine kleine geschnitzte Schatulle mit einer Einlegearbeit aus roten Glücksbohnen, die sie schon seit ewigen Zeiten hatte; vor fünfzig Jahren hatte er immer gebettelt, mit ihr spielen zu dürfen. Er wartete,

weniger eine Sache des Respekts als vielmehr eines gemeinsamen Gefühls der Gleichgültigkeit gegenüber allem, was außerhalb ihrer gegenseitigen Berührungssphäre lag, wie es zu beobachten ist, wenn Löwen mit ihrer Sippe Seite an Seite liegen.
Sie warf ihm einen verständnisvollen Blick zu, schlenkerte mit den leeren Ringen ihrer langgezogenen Ohrläppchen. Er sagte nicht, was ihn herführte.
Sie hatte einen winzigen, beinernen Löffel aus der Schatulle herausgesucht, mit dem sie nun, zitternd vor Besorgnis, in jedem ihrer aufgeblähten runden Nasenlöcher pulte. Sie wischte den staubverkrusteten Rotz von ihrem feinen Instrument und schnippte den Dreck in die ihm abgewandte Richtung.
Sie sagte: »Weißt du, wo deine Söhne sind?«
»Ja, ich weiß, wo meine Söhne sind. Drei von ihnen hast du heute mit eigenen Augen hier gesehen. Zwei sind in der Missionsschule. Und das Baby – es ist bei seiner Mutter.« Ein knappes Lächeln, das die alte Frau nicht erwiderte. Daß ihr Interesse vor allem den Söhnen galt, hatte nichts mit sexuellem Stolz zu tun.
»Gut. Darüber solltest du dich freuen. Aber frage andere nicht nach den ihren.«
Wie oft, wenn Menschen gleichen Blutes das gleiche denken, sahen sich Mutter und Sohn einen Augenblick lang völlig ähnlich, er altweiberhaft, sie wie ein Mann.
»Wenn welche verschwunden sind, die wir kennen, bleiben ihre Plätze nicht immer leer«, sagte er.
Es kam merklich Bewegung in die Masse ihres Kör-

pers. Sie lehnte sich zurück, schaute ihn festen Blikkes an: »Früher waren stets alle Kinder unsere eigenen. Alle Söhne waren unsere Söhne. *Old-fashion*, diese Leute hier« – das harte englische Wort rollte aus ihrer Landessprache heraus wie ein Kieselstein, der genau dort liegenblieb, wo er sollte: vor seinen Füßen.

Es war im Frühling: die Mopaniblätter verfärben sich, vertrocknen und sterben ab, sprenkeln den Sand wie Blut und Rost – von einem der Patrouillenflugzeuge aus mußte es wie ein Schlachtfeld aussehen. Und im August dauert es dann immer noch zwei ganze Monate, bis der erste Regen fällt. Nichts gedeiht, nur die Mückenbrut schlüpft aus. Jeden Tag steigt die Hitze, und die Nacht hält sie, ohne daß sich ein Lüftchen regt, bis zum nächsten Morgen. In diesen Nächten war die Radiostimme aus dem Hause des Häuptlings so deutlich, daß man sie im ganzen Dorf hören konnte. Viele wurden im Busch gefangengenommen und getötet – *aufstöbern und ausmerzen* nannten das die weißen Männer jetzt –, und vielen Soldaten wurde im Busch aufgelauert, oder sie wurden mitsamt ihren Lastwagen in die Luft gesprengt und mit allen militärischen Ehren bestattet. Man nahm an, daß dies so weitergehe bis Oktober, denn die Männer im Busch wußten: dies war ihre letzte Chance, bevor der Regen kam und sich der Schlamm wie Ketten um ihre Füße legte.
In diesen heißen Nächten, wenn die Leute ohnehin nicht schlafen können, dauern die Trinkgelage oft bis

spät in die Nacht. Die Leute trinken mehr; die Frauen wissen das und brauen entsprechend mehr. Ein Feuer brennt, doch keiner sitzt in seiner Nähe.

Ohne Mond sind die dunklen Nächte stickig heiß; bei Vollmond flimmert es schwach überm Wasser des Flusses. Die schwarzen Gesichter schimmern bläulich, und Schweiß rinnt längs der Nase und des Bizeps herunter. Der Häuptling saß auf seinem Stuhl, trotz der Hitze trug er Schuhe und Strümpfe, und wer ihm am nächsten saß, konnte riechen, wie seine Füße litten. Im Mondlicht, das sich über sie ergoß, bemerkte er die Umrisse ihrer Kiefer und Lippen, und mit dem Licht des Mondes kamen die Motten aus ihren weißen Kokons im Mopani geflattert, überm Fluß stiegen die Moskitos auf, und über allem lag ein verklärter Glanz wie auf den Christusbildern, die man bei der Mission bekam – er hatte bemerkt, wie sich diese Gesichter in letzter Zeit auch ganz ungeniert bei hellem Tage zeigten. Man hatte einen Ochsen geschlachtet, der Duft von brutzelndem Fleisch zog durchs Dorf (ein Blick auf das Verhalten der Hunde genügte, sie wußten Bescheid), obwohl weder eine Hochzeit noch sonst ein Fest irgend jemandem Anlaß gegeben hätte, eines seiner Tiere zu schlachten. Als der Häuptling schließlich wagte, in die Augen eines Fremden zu schauen, verschwand das Weiße, das in einem schrägen Winkel stand, und er sah ihn nicht nur, er hielt ihm stand, dem unbeirrbaren Blick dieser Augen, die jetzt voll in die seinen blickten: die Pupillen mit ihrem Widerstand, ihrem Glauben, ihrem Anspruch, und wie sie auf ihm hafteten. Er ließ es kein zweites Mal geschehen. Was die anderen anging, sah er, wie sie sich beim Trinken mit arrogant emporgerecktem Kinn zunickten, und er sah das Kriegerlächeln, das sie den Mädchen zuwarfen. Die Kinder fühlten sich angezogen von ihnen, kämpften lautlos um die vordersten Plätze. Gegen Mitternacht – seine Uhr hatte ihre ganz eigene, glitzernde Galaxie – verließ er seinen Stuhl und kehrte nicht mehr zurück aus den düsteren Schatten, in denen die Männer zum Urinieren verschwanden. Es kam bei den Biergelagen oft vor, daß der Häuptling sich bereits auf den Heimweg machte, während die anderen noch weitertranken.

Er ging zu seinem Backsteinhaus, dessen Dach fast so hell leuchtete wie am Tag. Er ging nicht zu dem Zimmer, wo seine neue Frau mit seinem jüngsten Kind in dem großen Bette schlief, sondern holte sich nur das Fahrrad aus der Küche, wo es immer stand, wenn es nicht benutzt wurde; es gehörte einem seiner Leute, einem Verwandten oder einem Gefolgsmann. Er schob es hinaus aus dem Dorf, ließ die Hütten in der Lichtung hinter sich, sein Dorf und das Dorf seines Großvaters, das jetzt immer schneller hinter ihm zwischen den Mopanibäumen verschwand, als er durch den Sand radelte. Er hatte keine Angst, auf eine Militärpatrouille zu stoßen und erschossen zu werden; ganz allein bei Nacht im Sandwald, in dieser bewaldeten Wüste, die er schon vor diesem Leben kannte und die er auch nach diesem Leben kennen würde, glaubte er ganz einfach nicht daran, daß eine Bande herumstrolchender Regierungsmänner die Macht haben sollte, dieses Leben zu beenden. Er kam nur mühsam voran, doch hatte er sich schon als Junge in der Kunst geübt, mit dem Rad in diesem Terrain zu fahren, dem einzigen, das er kannte, und so ging es bald wieder ganz gut. Nach einer Stunde erreichte er den Militärposten, rief dem Wachmann mit der MP zu, wer er war, und dann wartete er – eher wie ein Bettler denn ein Häuptling –, bis man ihn nähertreten ließ und ihn durchsuchte. Die diensthabenden Soldaten waren Schwarze, doch sie weckten den weißen Mann. Es war der, der seinen Namen, seinen Clan und sein Dorf kannte, wie das diesen modernen weißen Männern nun beigebracht wurde. Er schien gleich zu wissen, weshalb der Häuptling gekommen war, und lauschte stirnrunzelnd den Einzelheiten, während sein lächelnder Mund halb geöffnet war und man die Zungenspitze sehen konnte, wie sie von hinten an die Zähne tippte, wie wenn ein Mann alle Fakten überprüft und sie nacheinander an den Fingern abzählt. »Wie viele?«

»Sechs oder zehn, oder – nun, bisweilen auch nur drei oder bloß einer … so genau kann ich das nicht sagen. Es taucht einer auf, und schon ist er wieder verschwunden; und dann kommen sie wieder zurück.«

»Sie versorgen sich also mit Proviant, übernachten, und weg sind sie. Ja. Sie bringen die Leute dazu, ihnen alles zu geben, was sie verlangen, stimmt's? Und du weißt, wer die Leute sind, die ihnen Unter-

schlupf gewähren – die ihnen zeigen, wo sie schlafen können –, natürlich weißt du es.«
Der Häuptling saß auf einem der Stühle, die hier in der Militärbaracke herumstanden, während der weiße Mann stehen blieb. »Wer das ist ...« Es machte dem Häuptling Mühe, das, was er sagen wollte, in englischer Sprache auszudrücken; er hatte das Gefühl, daß es anders herauskam, als es gemeint war, oder daß man es anders auffaßte, als er wollte. »Ich *kann* nicht wissen, wer es ist« – eine seiner Hände war pausenlos in Bewegung, er hielt den Atem an und sprach weiter – »es sind viele Leute im Dorf, es gibt genug. Ob es nun dieser ist oder jener ...« Er brach ab, schüttelte den Kopf und erinnerte den Mann an seine Position und sein Ansehen als Häuptling, und der weiße Mann beeilte sich, ihn diesbezüglich zu beruhigen. »Aber natürlich. Schon gut. Sie schüchtern die Leute ein; die Leute können nicht nein sagen. Sie töten jeden, der nein sagt, hm, die Ohren schneiden sie den Leuten ab, wußtest du das? Reißen ihnen die Lippen ab. Hast du nie die Fotos gesehen in der Zeitung?«
»Gesehen haben wir es nicht. Aber ich hörte, wie die Regierung im Radio davon sprach.«
»Sie sind noch beim Umtrunk ... wie lange wird das her sein jetzt – eine Stunde?«
Der weiße Soldat warf einen kurzen prüfenden Blick auf die anderen Männer, die jetzt eine Haltung eingenommen hatten, aus der sie jederzeit in Aktion treten konnten: zu den Waffen greifen, hinauslaufen, sich auf die Landrover schwingen, die dort

draußen gutbewacht in der Dunkelheit standen. Er nahm den Telefonhörer, deckte aber die Sprechmuschel ab, als gäbe es jemand, der Einspruch erheben könnte. »Häuptling, ich werde mich gleich wieder um Sie kümmern. – Führen Sie ihn ins Dienstzimmer und machen Sie Kaffee. Einen Moment...« Er lehnte sich quer über den Schreibtisch und hantierte an einem Schränkchen zur Linken, und als er es schließlich aufhatte, nahm er eine halbvolle Flasche Brandy heraus. Hinter seinem Rücken gestikulierte er mit der Flasche in Richtung des Häuptlings, und ein schwarzer Soldat sprang gehorsam herbei und nahm sie ihm ab.

Spätnachts begab sich der Häuptling dann zum Haus einer Cousine, die im Dorf jenseits des Militärpostens wohnte. Er sagte, er sei bei einem Umtrunk gewesen und könne wegen der Ausgangssperre des weißen Mannes nicht mehr nach Hause fahren.
Der weiße Soldat hatte angeordnet, daß er nicht zu Hause in seinem Dorf sein sollte, wenn man die Verhaftungen vornahm, damit man nicht etwa ihn damit in Verbindung brachte und er Gefahr lief, die Ohren abgeschnitten zu bekommen, weil er achtgab auf das, was die Regierung interessierte, oder daß man seine Lippen verstümmelte für das, was sie erzählt hatten.
Seine Cousine gab ihm Decken. Er schlief bei ihrem Vater in der Hütte. Der taube alte Mann registrierte weder sein Kommen noch sein Gehen morgens in aller Frühe, als der Mond noch leuchtend am Him-

mel stand – etwa von der Größe eines Fahrradrückstrahlers. Im Wald fuhr das Fahrrad zwischen Springhasen hindurch, ohne sie aufzuscheuchen; über dem Tau hing noch der scharfe Gestank von Schakalkot. Schon von weitem sah er die Rauchfahnen über seinem Dorf, wo man die ersten Feuerstellen entfachte. Dann sah er, daß der Rauch, die schwarzen Partikel, die ihm ins Gesicht wehten, nicht von den Feuerstellen kamen. Statt die Fahrt zu beschleunigen, als er sich mit seinen Füßen gegen den Druck des Sandes anstemmte, schien das Fahrrad, gleich seinen Gedanken, immer langsamer zu werden, in jeder Umdrehung der Räder den Gegendruck zu spüren: anzuhalten und auf der Stelle stehenzubleiben. Doch er konnte dem, was er vorfand, nicht ausweichen. Die Flugzeuge, zu denen höchstens noch die Kinder emporschauten, waren bei Nacht gekommen und hatten etwas abgeworfen, das so entsetzlich und verheerend war, daß man nie hätte genug darüber hören oder lesen können, um sich gründlich genug davor zu fürchten. Als erstes sah er einen blutigen Kadaver, einen Hund, der zwischen den Wurzeln eines umgestürzten Baumes hing. Es schien, als sei unter dem Dorf die Erde explodiert und habe alles hinweggeschleudert, was einst auf ihr stand: die Hütten, Töpfe, Kürbisse, Decken; die Blechkisten, Wecker, Automatenfotos, Fahrräder, Radios und Schuhe, die die Leute von der Arbeit in den Minen mitgebracht hatten, die bunten Tücher, die sich die jungen Frauen um den Kopf schlangen; die hübschen Bilder mit den schneeweißen Lämmern und den knienden rosigen Kindern vor dem lockigen Christus, welche die Scottish Mission Board einstmals verteilt hatte – hinweggerafft die fünf Generationen des Clans, dessen Geschichte seit seinem Bestehen von jeder nachfolgenden Generation festgehalten und in Form von Episoden der nächsten weitererzählt wurde. Die Hütten waren eingestürzt wie ausgehöhlte Ameisenhügel. Zwischen den rußgeschwärzten, im Feuer gehärteten Lehmwänden lagen die Dachbalken und Strohdächer, zu Asche verglüht. Schreiend stolperte er von Hütte zu Hütte, doch nirgendwoher erhielt er Antwort auf seine Raserei, nicht einmal ein Huhn rannte unter seinen Schritten aufgescheucht davon. Die Mauern seines Hauses standen noch. Es war ausgebrannt, und das Dach war ganz verbogen. Eine steife, schwarze Kreatur lag wie geröstet an ihrer Kette im Hof. In einer der Hütten stieß er auf eine menschliche Gestalt, die ähnlich zugerichtet war; wie ein steifgewordener Teerklumpen, der zwischen etwas hing, das einmal ein Bettgestell hätte sein können. Es war die Hütte, in der die alte verrückte Frau hauste; die Überlebenden hatten sie bei ihrer überstürzten Flucht vergessen.

Die Mutter des Häuptlings und seine jüngste Frau waren nicht unter ihnen. Aber der kleine Junge war noch am Leben und wird in der Obhut der älteren Ehefrauen aufwachsen. Keiner wird je erfahren, was der weiße Soldat am Telefon zu seinem vorgesetzten Offizier sprach, und ob der vorgesetzte Offizier ihm befohlen hatte, was zu tun war, oder ob der weiße Soldat es selbst wußte, aufgrund der Handlungsrichtlinien, die man ihm bei seiner Ausbildung für diese Art Krieg beigebracht hatte. Der Häuptling erhängte sich im Mopaniwald. Die Polizei oder das Militär (was in diesen Tagen in etwa aufs gleiche hinausläuft, die Leute können sie nie recht auseinanderhalten) fanden das Fahrrad unter seinen baumelnden, beschuhten Füßen. Und der Mann aus seinem Gefolge fährt heute noch damit; es wäre verloren gewesen, hätte es an seinem sicheren Platz in der Küche gestanden, als der Luftangriff kam. Keiner weiß, wie der Häuptling zwischen all den Trümmern seines Dorfes noch ein Seil auftrieb.

Nach und nach kehren die Leute wieder zurück. Die Toten hat man ordnungsgemäß im Mopaniwald bestattet, dort wo auch schon die Ahnen ruhen. Man sieht die Frauen, wie sie in Blechdosen und Kornkörben den lehmigen Schlamm vom Fluß herauftragen. In geschwätzigen Gruppen kauern sie beieinander und formen den Lehm, bauen die Hütten wieder auf. In Garben, die größer sind als sie selbst, schleppen sie das Schilfrohr herbei, balancieren es auf dem Kopf wie den Querstrich eines T. Im Mopaniwald hört man die Stimmen der Männer, die dabei sind, Bäume für die Dachbalken auszuwählen und zu fällen.

Eine weiße Fahne hängt an einer Mopanistange vor dem Haus, dessen weiße Mauern, erbaut nach Art des weißen Mannes, noch aus einer früheren Zeit dort stehen.